la collection de poche des éditions Zulma

Mais leurs yeux dardaient sur Dieu

Romancière et anthropologue, nouvelliste, essayiste et dramaturge, née en 1891 en Alabama, Zora Neale Hurston est l'une des figures de proue du mouvement Harlem Renaissance. Pionnière flamboyante et iconoclaste redécouverte par Alice Walker, elle est adulée par ses lecteurs et révérée par Maya Angelou, Zadie Smith, Paul Beatty, ou encore Oprah Winfrey.

Mais leurs yeux dardaient sur Dieu est un monument de la littérature américaine, aussi percutant aujourd'hui que lors de sa parution aux États-Unis en 1937.

« L'un des plus grands écrivains de notre époque. »

TONI MORRISON

« Un chef-d'œuvre à redécouvrir dans une traduction magistrale. »

America

ZORA NEALE HURSTON

MAIS LEURS YEUX DARDAIENT SUR DIEU

Un roman américain
traduit par Sika Fakambi

ZULMA
18, rue du Dragon
Paris VIe

à Houda A, à Bernard H, pour le chemin et la palabre,
dans tous les Bas Hubacs et toutes les cours Félicie,
lentement sous les ombrages

S.F.

Titre original :
Their Eyes Were Watching God

Cette traduction a bénéficié d'une bourse d'aide à l'écriture
du Centre national du livre,
ainsi que d'une bourse de traduction Max Geilinger
décernée par le Collège de traducteurs Looren.

[loːrən]
Collège de traducteurs Looren

Si vous désirez en savoir davantage
sur Zulma ou *Mais leurs yeux dardaient sur Dieu*
n'hésitez pas à nous écrire
ou à consulter notre site.
www.zulma.fr

Pour Henry Allen Moe

1.

Les navires au lointain transportent à leur bord tous les désirs d'un homme. Certains reviennent avec la marée. D'autres voguent à jamais sur l'horizon, sans jamais s'éloigner du regard, sans jamais toucher terre jusqu'à ce que le Guetteur détourne les yeux de résignation, ses rêves raillés mortifiés par le Temps. Telle est la vie des hommes.

Les femmes, elles oublient tout ce dont elles ne veulent pas se souvenir et se souviennent de tout ce qu'elles ne veulent pas oublier. Le rêve est leur vérité. En conséquence de quoi elles agissent, font ce qu'elles ont à faire.

Donc au commencement il y avait une femme et cette femme revenait d'enterrer les morts. Pas les morts malades et agonisants entourés d'amis à leur chevet et leurs pieds. Elle revenait des boursouflés et des détrempés ; les morts soudains, aux yeux grands ouverts, rendant jugement.

Tous la virent revenir car c'était au soleil descendu. Le soleil s'en était allé, mais il avait laissé dans le ciel l'empreinte de ses pas. C'était le moment de s'asseoir sur les vérandas au bord de la route. C'était le moment d'écouter ce qui vient et de parler. Ces assis-là avaient sans yeux, sans oreilles et sans langue servi d'outil tout le long du jour. Mules et autres bestiaux avaient occupé leur peau. Mais le soleil et le boss-man s'en étaient allés, et maintenant ces peaux se sentaient humaines et puissantes.

Devenaient seigneurs des sons et des moindres choses. Faisaient passer des nations entières par leur bouche. Assis, rendant jugement.

Voir cette femme telle qu'elle était les faisait souvenir certaine envie accumulée en d'autres temps. Alors se mirent à mâchonner l'arrière-fond de leurs pensées pour déglutir avec délice. Firent de leurs interrogations des assertions brûlantes, de leurs rires des armes meurtrières. Une cruauté de masse. Les humeurs prenaient vie. Les Mots marchaient sans maîtres ; déambulant ensemble comme les harmonies d'un même chant.

« Fait quoi encore à s'enrevenir ici dans sa spèce de salopette ? Peut pas se trouver une robe à se mettre ? — L'est où la robe en satin bleu qu'elle avait au dos en partant ? Et les sous de son mari qu'il a massés et cassé sa pipe et tout laissé pour elle ? — C'est quoi cette vieille qu'a passé quarante avec ses cheveux qui swinguent dans son dos comme une jeunette ? — L'a laissé où son tout jeunot de bougue qu'elle est partie d'ici avec ? — Devait pas le marier qu'on disait ? — Où c'est qu'y est parti pour la laisser ? — L'en a fait quoi de son paquet de sous à elle ? — Te parie ça qu'y a filé avec une de ces gal si tant jeunette qu'elle a même pas aucun poil — Peut donc pas se tenir à sa place ? »

Quand elle arriva à leur hauteur elle tourna la tête vers la troupe jacassante et parla. Ils brouillaminèrent un aigre « bansoir », laissant les bouches à béer et les oreilles à espérer. Elle s'était adressée à eux avec toute l'affabilité requise mais en poursuivant sa route droit devant jusqu'à sa barrière. La véranda ne sut que dire sinon la regarder.

Les hommes remarquèrent son postérieur ferme comme une paire de pamplemousses bien calés dans les poches arrière ; la longue corde de cheveux noirs qui se balançait jusqu'à sa taille, s'effilant au vent comme une plume ; et puis les seins pugnaces s'échinant à percer sa chemise. Eux, les hommes, travaillaient à préserver en pensée ce que leurs yeux perdaient. Les femmes elles s'emparèrent de la chemise défraîchie et de la salopette crottée et les posèrent dans un coin pour mémoire. Comme une arme à l'encontre de sa force et même si cela s'avérait inutile, c'était déjà pour elles quelque espoir qu'elle finisse un jour par retomber à leur hauteur.

Mais nul ne broncha, nul ne parla, nul ne songea même à ravaler sa salive jusqu'à ce que la barrière eût claqué derrière elle.

Bouche grand ouverte, Pearl Stone partit à rire vraiment fort parce qu'elle ne savait pas quoi faire d'autre. Elle s'affala de tout son poids riant sur Mrs. Sumpkins. Mrs. Sumpkins maugréa rudement et fit tschrrrp.

« Hmm ! Tous à vous mettre en tourment après elle. Sûr que c'est pas comme moi. Moi j'en ai rien à faire de la lorgner par tous ses abords. Si l'a pas assez de manières pour s'arrêter et faire savoir aux gens comme ça va pour elle depuis le temps, l'a qu'à passer seulement !

— Elle vaut même pas qu'on parle sur elle, dit Lulu Moss en reniflant. Ça se pose là-haut mais ça paraît bien bas. Tout ce que j'ai à dire, moi, sur ces vieilles qui courent après les jeunes. »

Pheoby Watson se pencha pour immobiliser son rocking-chair avant de parler. « Bon bah y a pas personne ici qui sait s'y a des choses à dire ou pas. Moi, moi qu'est sa meilleure amie, moi-même je sais pas.

— Peutête qu'on sait pas le fin fond comme tu sais toi, mais on sait tous comme elle est partie d'ici et nous ici c'est certain qu'on l'a vue s'enrevenir. Te fatigue pas, Pheoby, ça sert de rien que t'essayes de couvrir une vieille comme Janie Starks, amie ou pas amie.

— Ah ça par exemple elle est pas si vieille que d'aucunes parmi vous ici en train de parler.

— De ce que je sais, elle en a quarante bien tassés.

— Tout au plus quarante à la regarder.

— Bigrement trop vieille pour un gamin comme Tea Cake.

— Tea Cake, ça fait un boutte que c'est plus aucun gamin. Fait bien trente ans de sa propre personne.

— M'en fiche pareil, juste qu'elle pourrait s'arrêter et dire deux mots avec nous. L'agit comme si qu'on lui avait causé du tort, rouspéta Pearl Stone. C'est elle qu'elle fait qu'à faire du tort !

— Tu veux dire, t'es en rage qu'elle s'est pas arrêtée pour charrer avec nous sur toutes ses affaires ? N'importe comment qu'est-ce t'en sais toi qu'elle a si tant mal agi comme vous êtes tous en train de dire ? La pire chose que moi j'ai jamais su qu'elle a fait c'est s'enlever une poignée d'ans à son âge, et ça que je sache ç'a pas jamais fait de mal à personne. Faites rien qu'à me tanner. La manière que vous êtes en train de parler, on croirait que les gens d'ici y font rien d'autre dans leur lit à part d'allélouyer le Seigneur Loawd. Faudra voir à me scuser là, que moi je m'en vais lui porter son souper. » Pheoby subitement se leva.

« T'en fais pas pour nous, dit Lulu dans un sourire, vas-y donc là-bas, nous on n'a qu'à veiller sur chez toi jusqu'à tant que tu soyes de retour. Moi mon souper l'est tout prêt. T'as juste qu'à y aller voir comme ça va pour elle. Tu nous feras savoir.

— Loawd, renchérit Pearl, moi j'ai eu fait roussir mon bout de viande et mon pain trop long pour parler dessus. J'ai pas de problème pour être dehors si tant que ça me chante. Mon mari y est pas regardant.

— Ah, bah, Pheoby, si t'es prête, ça se pourrait que

j'alle avec toi là-bas, proposa Mrs. Sumpkins. Ça fait mine que le soir sombre au noir. Manquerait plus que le boogie-man y ait idée de te traper.

— Naaan, je te remercie. Y a rien qui peut me traper dans ces quelques pas où je m'en vais. N'importe comment mon mari y dit toujours qu'y a pas aucun boogie-man de premier acabit qui voudrait de moi. S'y a quoi que ce soit qu'elle veut vous faire savoir, vous l'entendrez. »

Pheoby s'en fut d'un pas pressé avec un plat couvert entre les mains. Elle quitta la véranda qui lui accablait le dos de questions non posées. Espérant des réponses étranges et cruelles. Quand elle fut rendue, Pheoby Watson n'ouvrit pas la barrière de devant pour descendre l'allée bordée de palmiers qui menait à la porte d'entrée. Elle contourna la clôture et passa la barrière des intimes avec son plat débordant de riz mulatto. Janie était forcément de ce côté-là.

Elle la trouva assise sur les marches de la véranda arrière, avec ses lanternes toutes bien remplies et les verres astiqués.

« Salut Janie, comment va ?

— Aoow... ça va plutôt bien, j'essaye une trempette pour voir si ça se peut de faire sortir de mes pieds un peu de fatigue et de saleté. » Elle eut un brin de rire.

« Je vois ça, dis ! Sûr que t'as l'air bien, ma gal. T'as même l'air que tu serais ta propre fille. » Elles rirent toutes les deux.

« Même avec cette salopette sur toi, t'es toute une femme comme y faut.

— Continue ! Continue ! Tu dois penser que je t'ai apporté un quèque chose. Alors que j'ai rien apporté d'autre que ma propre personne.

— Et c'est bien heureux tout plein. Tes amies elles

voudraient rien mieux que ça.

— M'en vais prendre toutes ces flatteries que t'envoies, Pheoby, que je sais que ça te sort du cœur. » Janie lui tendit la main. « Seigneur Loawd, Pheoby ! Tu vas donc jamais me le donner ce bout de ration que t'apportes là ? Me suis pas rien mis sur l'estomac aujourd'hui à part ma main. » Elles rirent toutes les deux avec entrain. « Donne ça ici et prends-toi une bonne assise.

— Je savais ça que t'aurais faim. C'est plus le temps d'aller chasser le bois du feu au noir venu. Mon riz mulatto l'est plus si bon maintenant. Ça prendrait plus de graisse de lard, mais j'ai idée que ça tuera la faim de même.

— Te dis ça dans une minute, dit Janie en soulevant le couvercle. Ah, ma gal, c'est trooop bon ! Tes chaudrons dans ta cuisine tu leur fais rouler un méchant bon temps !

— Aoow, c'est pas bien grand-chose à manger ça, Janie. Mais demain y a des chances que je te prépare quèque chose de pas mal bon certain, vu que ça y est t'es de retour. »

Janie mangeait de bon cœur et sans rien dire. Le voile chamarré de poussière que le soleil venait de soulever dans le ciel se déposait lentement.

« Tiens, Pheoby, reprends ton vieux plat. J'ai pas un brin d'usage ici pour un plat sans rien dedans. Sûr que ton bout de manger tombait bien. »

Pheoby s'amusa de la rude plaisanterie de son amie. « T'as toujours si tant de follerie comme jamais.

— Passe-moi donc cette lavette qu'est sur la chaise auprès de toi, chère. M'en vais décrasser mes pieds. » Elle la prit et se frotta vigoureusement. Des rires lui parvinrent de la grand-route.

« Je vois ça que notre Mouth-Almighty a toujours son même derrière à sa même place. Et j'ai idée que c'est moi ici qui me trouve là-bas dans leurs bouches-toutes-puissantes présentement.

— Oui certain. Tu sais bien que les gens si tu passes devant eux et tu parles pas à leur convenance y sont forcés d'aller chercher loin dans le fond de ta vie pour voir là-bas ce que t'as fait. Les gens y savent plus sur toi que toi-même tu sais. Le cœur envieux ça fait les oreilles traîtresses. Comme si qu'y ont déjà entendu sur toi tout juste les mêmes choses qu'y ont espoir qu'elles te soyent arrivées.

— Si Dieu y pense pas plus à eux que moi je fais, ça donne qu'y sont rien qu'une balle perdue dans les herbes hautes.

— J'entends toutes les choses qu'y disent vu qu'y se rassemblent toujours sur ma véranda à moi vu que ça donne sur la grand-route. Mon mari l'est si tant tanné des fois qu'y les envoie tous voir ailleurs chez eux.

— Sam a bien raison. Font rien qu'à user vos fauteuils.

— Ouais, Sam y dit la plupart y vont à l'église c'est juste pour être certains de se lever au jour du Jugement. C'est le jour que tous les secrets y sont rendus connus. Veulent être là, et veulent tout entendre !

— L'est terriiibe, le Sam ! Tu peux pas t'arrêter de rire quand t'es dans ses entours.

— Mmm-hmm. Sam y dit qu'y compte bien en être lui-même comme ça y va finir par savoir qui c'est qu'a volé sa pipe en maï.

— Pheoby, mais ton Sam parole il arrête jamais ? Terriiibe en diabe !

— Tous ces zigaboo ça les brûle si tant de se mêler à tes affaires qu'y sont capables à s'envoyer eux-mêmes direct au Jugement juste pour savoir de quoi y retourne chez toi. Tu ferais bien ça te hâter et leur dire tout sur toi et Tea Cake comment vous allez vous marier tous les deux, et s'il a pris ton paquet de sous pour filer avec une gal toute jeunette, et où c'est qu'y est présentement et où c'est qu'y sont tous tes habits que t'es obligée de t'enrevenir ici en salopette.

— J'ai pas aucune intention de m'embêter à rien leur dire, Pheoby. Ça vaut pas le dérangement. Tu peux aller leur raconter les choses que je dis si ça te chante. C'est tout pareil égal vu que ma langue à moi elle est dans la bouche à mon amie.

— Si c'est comme ça que t'en as le désir, je vais leur dire juste les choses que tu vas me dire d'aller leur dire.

— Pour partir du début, les gens comme eux y gaspillent trop leur temps à traîner leur bouche dans des choses qu'y savent pas rien du tout dessus. Maintenant faut encore qu'y se mettent à nous lorgner comment moi j'aime Tea Cake et si ça s'est eu fait comme y faut ou non ! Y ont pas aucune idée si la vie ça se trouve c'est un plat de boulettes de maï, et l'amour une courtepointe !

— Tant qu'y se trouvent un nom à grignoter y s'en fichent bien qui c'est et de quoi ça retourne, spécialement si ça se peut d'y faire entendre du mal.

— S'y veulent voir et savoir, pourquoi y viennent pas eux-mêmes becquer et se faire becquer ? Comme ça je reste juste posée là et je leur raconte plein d'affaires. Moi ici j'étais déléguée à la haute assemblée de la vie ! Yessah ! La Grand Loge ! Le haut congrès de vivre ! C'est dans ça que j'étais rendue toute cette année et demie que vous autres ici vous m'avez plus vue. »

Elles étaient assises là, dans la ténèbre jeune et fraîche, tout près l'une de l'autre. Pheoby brûlant d'agir et ressentir au travers de Janie, mais se retenant de laisser transparaître son ardeur de peur que celle-ci ne passe pour simple curiosité. Et Janie emplie du plus ancien des désirs humains – se raconter soi-même. Pheoby retint sa langue un long moment, mais ne put empêcher l'agitation de ses pieds. Alors Janie parla.

« T'occupe pas pour moi et ma salopette vu que j'ai encore neuf cents dollars tout à moi dans la banque. Tea Cake c'est lui qui m'a dit de la mettre – du temps que j'étais à marcher après lui. Tea Cake il a pas jamais gaspillé un de mes sous, et y m'a jamais laissée pour partir avec aucune autre gal toute jeunette non plus. Y m'a donné toute la consolation qu'on peut trouver dans ce monde. C'est ça qu'y leur dirait lui-même en personne, s'il était ici. S'il était pas disparu. »

Pheoby dans son impatience se dilatait tout entière. « Tea Cake il est disparu ?

— Pour vrai, Pheoby, Tea Cake il est disparu. Et c'est la seule raison pourquoi tu me vois de retour ici – vu que j'avais plus rien du tout pour me donner de la joie encore là où j'étais. Là-bas dans les Everglades, là-bas dans la muck.

— J'ai de la misère à comprendre ce que tu dis, à la manière que tu racontes. Mais ça se peut aussi des fois que je soye dure de l'entendement.

— Naaan, c'est pas du tout comme tu pourrais croire. Alors c'est pas la peine que je te raconte mes affaires si je te donne pas en même temps l'entendement pour aller avec. Jusqu'à tant que tu voyes la fourrure, la peau du vison est guère différente d'un cuir de raton. Dis-moi voir ici, Pheoby, Sam il est en train d'attendre après toi pour son souper ?

— C'est le souper qu'est tout prêt en train de l'attendre. Si Sam a pas assez de bon sens pour le manger, c'est pas de chance pour lui.

— Bien, alors on peut se poser pour de bon où on se trouve et parler entre nous. J'ai ouvert la maison de partout pour laisser la brise se faire traper en-dans. Ma

Pheoby, ça fait vingt ans qu'on est copines à se becquer, et je m'en remets à ton bon jugement. C'est de là que je te parle maintenant. »

Le temps est là pour envieillir les choses, aussi la ténèbre jeune et fraîche se mua-t-elle en une monstruopulente vieille chose, tandis que Janie parlait.

2.

Janie voyait sa vie comme un grand arbre en feuilles qui étaient toutes les choses endurées et les choses aimées et les choses faites ou défaites. L'aube et le destin à ses branches.

« Ce que j'ai à dire je sais exactement quoi, sauf que c'est pas facile par où commencer.

Jamais j'ai vu mon paa. Et même que je l'aurais vu j'aurais jamais connu que c'était lui. Pareil non plus pour ma maama. Elle avait décampé de nos parages un bail avant que je soye assez grande pour savoir quoi. Ma grandmaa c'est elle qui m'a eu faite grandir. Ma grandmaa et les blancs chez qui elle travaillait. Elle avait une cabane au fond du jardin et c'est là-dans que moi chuis venue au monde. Ah c'était des blancs bien comme y faut là-bas dans l'Ouest de Floride. S'appelaient les Washburn. Y avait quatre tizenfants à Miz Washburn à s'occuper et nous tous on jouait ensemble et c'est pour ça que j'ai jamais appelé ma grandmaa rien d'autre que Nanny, vu que c'est comme ça que tout le monde y l'appelaient là-bas. Nanny elle nous trapait toujours dans nos diaberies et c'était la peignée pour tous les gaminauds qu'on était et Miz Washburn elle faisait juste de même. Moi j'ai idée que personne nous a jamais flanqué aucune peignée pour rien vu que les trois ptis gars et nous les deux filles on était des fichûment casse-pieds, me figure.

Tellement j'en ai passé du temps avec eux les ptis

blancs que jusqu'à mes six ans par là j'ai jamais su que j'étais pas blanche. Et j'aurais pas rien découvert pareil, mais vlà un homme y vient pour prendre des photos à la ronde et sans demander rien à personne, Shelby, c'était l'aîné des ptis gars, y lui dit comme ça de nous prendre. La semaine d'après l'homme y rapplique avec la photo que Miz Wahsburn elle la voye et le paye et c'est ça qu'elle a fait, suite de ça nous flanque tous une bonne peignée.

Donc une fois qu'on a bien zyeuté la photo et tout le monde s'est vu pointé dessus, reste plus personne à montrer sauf une ptite noire vraiment noire avec des cheveux longs là au proche d'Eleanor. Moi c'est là que j'étais supposée à me trouver mais moi la ptite noire toute noire je pouvais pas croire qu'elle était moi. Donc j'ai demandé, Où c'est chuis rendue, moi ? Je me vois même pas.

Et tout le monde y ont rigolé, même Miste Washburn. Miss Nellie, qu'était la maama des tizenfants et qu'était de retour à la maison après que son mari y est mort, elle a pointé vers la ptite noire et elle a dit : C'est toi, Alphabet. Tu te connais donc pas toi-même ?

Y m'appelaient tous Alphabet vu que des tas de gens m'avaient donné plein de noms différents. Moi j'ai regardé la photo un long temps et j'ai vu ça que c'était à moi la robe et les cheveux alors j'ai dit : Aoow-aoow ! Me vlà une de couleur !

Après ça y ont tous rigolé vraiment fort. Mais moi avant la photo je croyais ça que j'étais juste tout pareil comme eux autres.

Nous c'est là qu'on vivait et on avait de la joie jusqu'à tant qu'à l'école y en a qui commencent à me faire des embêtements comme quoi j'habite au fond du jardin des blancs. Y avait une tête de nœud de fille s'appelait Mayrella l'était toujours à se mettre en rogne à toutes les fois qu'elle me regardait. Miz Washburn faisait toujours qu'à me passer les habillements que ses tizenfants y avaient plus besoin et faut dire que c'était toujours mieux que les hailles que les autres tizenfants de couleur y pouvaient avoir. Aussi elle avait du goût à me nouer des rubans sur ma tête pour ma coiffure. Ça Mayrella ça lui fichait les nerfs à cran. Fait qu'elle était toujours après moi tout le temps et à chauffer les autres pour qu'y me fassent pareil. Y me chassaient de la ronde des jeux et y faisaient tout comme s'y pouvaient pas jouer avec aucune personne de la place où je restais. Puis après ça y me disaient que j'alle pas faire mes grands airs vu que leur maama à eux leur avait dit pour les chiens qu'avaient pourchassé mon paa toute la nuit longue. Aussi pour Miste Washburn et le shérif qu'avaient lancé la horde sur la piste à mon paa pour le traper à cause des choses qu'il avait eu fait à ma maama. Y parlaient pas de comment mon paa y en a qui l'ont vu après ça qu'essayait de trouver ma maama pour la demander en mariage. Naaan, y parlaient pas de ce bout de l'histoire. Y m'en contaient que des horribles pour que ça me broye bien les plumes. Y en a pas un seul d'entre eux tous qui pouvait se rappeler c'est quoi le nom de mon paa, mais tous y savaient par cœur ce bout d'histoire avec les chiens. Nanny elle aimait pas ça me voir avec ma tête basse, alors elle s'est dit que ça serait bien mieux pour moi si c'était qu'on avait une maison à nous. Elle a acheté la terre et tout et après ça Miz Washburn elle nous a arrangé un plein tas d'affaires. »

L'oreille avide que lui tendait Pheoby aidait Janie à raconter son histoire. Et elle remonta encore plus loin le cours de ses jeunes années pour les relater à son amie en phrases douces et tranquilles tandis que tout autour de la maison, la nuit prenait chair et noirceur.

Elle réfléchit un temps et décida que sa vie consciente avait commencé à la barrière de Nanny. Tard un après-midi, Nanny l'avait sommée de rentrer tout de suite à la maison parce qu'elle venait d'apercevoir Janie laissant Johnny Taylor lui donner un baiser par-dessus la barrière.

C'était un après-midi de printemps dans l'ouest de la Floride. Janie avait passé presque toute la journée sous un poirier en fleurs dans le jardin. Cela faisait trois jours d'affilée qu'elle passait sous cet arbre le moindre petit moment qu'elle pouvait dérober à ses corvées. Très exactement, depuis l'instant où elle avait vu le premier bourgeon de fleur s'épanouir. Il l'avait appelée pour lui faire contempler un mystère. Sur les tiges brunes et nues l'apparition de bourgeons à feuilles reluisants ; entre ces bourgeons à feuilles la neigeuse virginité d'une floraison. Elle en fut profondément ébranlée. Comment ? Pourquoi ? C'était comme un chant de flûte oublié dans une autre existence, et lui revenant en mémoire. Quoi ? Comment ? Pourquoi ? Ce chant qu'elle entendait n'avait rien à voir avec ses oreilles. La rose du monde exhalait son effluve. Un effluve qui suivait Janie tout au long de ses moments de veille et la caressait dans son sommeil. Il s'accordait avec d'autres impressions vaguement ressenties qui l'avaient saisie hors de toute observation et s'étaient ensevelies dans sa chair. Et maintenant exhumées, elles venaient fouiller sa conscience.

Elle était sur le dos, étendue au pied du poirier dans la mélopée de contralto des abeilles visiteuses et l'or du soleil et le souffle pantelant de la brise, quand la voix inaudible de ce grand tout vint à elle. Et elle vit une abeille chargée de poussière plonger dans le sanctuaire d'une fleur ; mille calices-sœurs s'arquer pour accueillir l'étreinte d'amour et le frisson extatique de l'arbre, depuis les racines jusqu'à la plus frêle des branches, toute de crème florissante et moussant de délice. Ainsi c'était une noce ! Elle y avait été conviée pour être le témoin d'une révélation. Janie ressentit à cet instant l'aiguillon implacable d'un ravissement qui la laissa molle et languissante.

Après un temps elle se releva pour faire un tour complet du petit jardinet. Elle cherchait confirmation de cette voix et de cette vision, et partout elle trouva et récolta des réponses. Une réponse bien particulière pour chacune des créatures présentes à l'exception d'elle-même. Elle sentait qu'une réponse était là qui la guettait elle aussi, mais où ? quand ? comment ? Ainsi se retrouva-t-elle devant la porte de la cuisine, où elle entra d'un pas trébuchant. Dans la pièce voletaient des mouches, folâtrant et chantant, convolant et faisant convoler. Quand Janie atteignit l'étroit corridor, elle se rappela que sa grand-mère était à la maison, en migraine. Nanny s'était assoupie en travers du lit, alors à petits pas Janie ressortit par la porte de devant. Ah, être un poirier – ou n'importe lequel de ces arbres en fleurs ! Sous les baisers des abeilles tandis qu'elles chantent le commencement du monde ! Janie avait seize ans. Un feuillage vernissé et des bourgeons tout près d'éclore et le désir de prendre à bras-le-corps la vie, mais la vie semblait se dérober. Où donc étaient-elles, ses abeilles chanteuses à elle ? Rien dehors ni dans la maison de grandmaa ne lui répondait. Du haut des marches elle scruta le monde aussi loin qu'elle put, et puis elle descendit jusqu'à la barrière et s'y pencha pour contempler la route de droite et de gauche. Guettant, attendant, le souffle écourté par l'impatience. Attendant que le monde vienne à se faire.

Dans l'air saupoudré de pollen elle vit sur la route venir à elle un être magnifique. Aveuglée jusque-là, elle n'avait jamais vu en lui que le nonchalant Johnny Taylor, long et maigre. Cela, c'était avant que la poudre d'or du pollen ne pare de splendeur les guenilles de Johnny et le regard de Janie.

Dans les dernières phases de son sommeil, Nanny avait rêvé entendre des voix. Des voix lointaines mais persistantes, et qui peu à peu s'étaient rapprochées. La voix de Janie. Janie conversant par bribes chuchotées avec une voix d'homme qu'elle avait du mal à remettre. Et qui la réveilla soudain. Elle se leva d'un bond et regarda par la fenêtre et vit Johnny Taylor qui lacérait sa Janie d'un baiser.

« Janie ! »

La voix de la vieille femme était si dépourvue d'impérieux et de réprimande, si croulante et déliquescente, que Janie crut à moitié que Nanny ne l'avait pas vue. Elle s'extirpa de son rêve pour regagner la maison. Cela, fut la fin de son enfance.

Le visage et le cou de Nanny ressemblaient aux racines dressées d'un vieil arbre qu'une tornade eût arraché à la terre. Fondements d'un pouvoir ancien désormais insignifiant. Les feuilles rafraîchissantes de palma-christi dont Janie avait ceint le front de sa grand-mère, nouées sous un lambeau blanc, s'étaient flétries jusqu'à ne plus faire qu'un avec la vieille femme. Ses yeux ne criblaient ni ne taraudaient. Ils délitaient et fondaient Janie et la pièce et le monde entier en une seule entité.

« Ma Janie, t'es toute une femme maintenant, fait que…

— Naaan, Nanny, naaan, je suis pas vraiment toute une femme, pas encore… »

La pensée était trop neuve et trop lourde pour Janie. Elle la refoula.

Nanny ferma les yeux, hochant la tête en une affirmation lente et lasse, plusieurs fois, avant de lui prêter voix.

« Oui oui, ma Janie, t'as déjà tout ce qui fait une femme en toi. Fait que je ferais aussi mieux ça te dire ces choses que je garde en-dans de moi depuis le temps. Faudrait ça que je te voye mariée sans tarder.

— Moi, mariée ? Naaan, Nanny, non maam. Qu'est-c'est que j'en sais moi d'un mari ?

— Y a des choses que je viens de voir que ça me suffit tout plein, chère. Je voudrais pas ça qu'un nègue de raclure, un qu'a rien que sa carcasse et sa culotte comme Johnny Taylor, s'en vienne prendre ton corps pour aller s'essuyer les pieds dessus. »

À ces mots de Nanny, Janie sentit son premier baiser par-dessus la barrière se muer en un amas de fumier après la pluie.

« Regarde-moi, Janie. Reste pas là avec ta tête basse comme ça. Garde voir ici ta vieille grandmaa ! » Et maintenant sa voix s'agrippait à chaque inflexion de son émoi. « Ça me fait aucune envie d'avoir à te parler de la sorte. La chose c'est que j'en ai passé du temps à genoux devant mon Créateur à si tant de fois quêter miséricorde – pour qu'y me fasse pas mon fardeau trop lourd à porter.

— Nanny, j'étais juste… je pensais pas à mal.

— C'est juste ça qui m'épeure. Toi tu cherches rien à mal. Le mal tu sais même pas où ça peut se trouver. Et maintenant me vlà bien usée. Je pourrai pas toujours guider tes pas loin du mal et du danger. Faudrait ça que je te voye mariée sans tarder.

— Et c'est qui je vais pouvoir marier juste là ? Je connais personne !

— Le Seigneur Loawd y pourvoira. Y sait que j'ai porté mon fardeau sous la chaleur de chaque jour. Quelqu'un m'a eu parlé de toi y a de ça un boutte. J'ai pas rien dit vu que c'était pas comme ça que je te plaçais. Moi je voulais ça que tu fasses toute ton école et que tu t'en alles cueillir dans le haut des buissons ta propre baie plus délicieuse. Mais je vois ça que c'est pas ton idée, à toi.

— Nanny, qui… qui c'est qui m'a demandée ?

— Broda Logan Killicks. Un homme de bien, certain.

— Naaan, Nanny, non maam ! Alors c'est pour ça qu'y est toujours à traîner aux entours ? On dirait comme si c'était un vieux crâne au cimetière ! »

La vieille femme se redressa, posa les pieds par terre, et chassa de son visage les feuilles médicinales.

« Donc tu veux pas marier un tout bien comme y faut, hunh ? Tu veux faire juste que d'embrasser et becquer et t'enrouler autour du premier qu'arrive et puis un autre puis un autre, hunh ? Tu veux me donner à sucer la même misère pareil comme ta maama elle a fait avec moi, eï ? Ma vieille tête elle est pas assez grise de même ? Mon dos y est pas assez courbé pour ta convenance ? »

L'image de Logan Killicks venait profaner le poirier, mais Janie ne savait pas comment l'expliquer à Nanny. Elle se contenta d'arrondir le dos pour faire la moue au plancher.

« Janie.

— Oui maam.

— Tu me réponds ici quand je te parle. T'avise pas de rester là à faire ta moue devant moi après tout ce que j'ai eu enduré pour toi ! »

Elle gifla violemment la jeune fille au visage, puis elle la força à relever la tête, et du regard elles se défièrent. La main haut levée pour la calotte suivante, Nanny vit la très grosse larme qui montait du cœur de Janie pour venir s'installer au bord de ses yeux. Elle vit la terrible détresse et les lèvres pincées retenant le sanglot, et elle renonça. Au lieu de ça, elle ramena en arrière l'épaisse chevelure qui masquait le visage de sa petite-fille et elle resta là, à souffrir et aimer et pleurer au-dedans d'elle-même et pour toutes les deux.

« Viens voir ta grandmaa, chère. Viens-t'en t'asseoir sur ses genoux comme tu faisais toujours dans le temps. Nanny elle voudrait pas faire aucun mal à un seul cheveu que t'as sur la tête. Elle voudrait pas qu'aucune personne te fasse jamais pareil, si tant qu'elle peut empêcher ça. Chère, l'homme blanc c'est lui le maître de toutes les choses ici-bas, aussi loin que j'en ai vu. Ça se peut qu'y a un endroit au milieu de l'océan où l'homme noir y commande, mais nous ici on sait rien que les choses qu'on voit. Fait que l'homme blanc y jette le fardeau à terre et y dit à l'homme nègue d'aller le ramasser. L'homme nègue y va le ramasser pasqu'y faut bien, mais y va pas le porter rien du tout. Y va le refiler à ses femmes. La femme nègue c'est elle la mule du monde, pour tout ce que j'en ai vu. Et j'en ai dit des prières, pour que ça soye pas pareil pour toi. Loawd, Loawd, Loawd ! »

Pendant un long moment elle resta ainsi, berçant la jeune fille et la serrant fort contre son sein creux. Les longues jambes de Janie pendaient par-dessus le bras du fauteuil et ses longues nattes se balançaient bien bas de l'autre côté. Nanny, moitié psalmodiant, moitié sanglotant, entonna un interminable chant-supplique au-dessus de la tête de Janie en larmes.

« Loawd aie pitié ! Ç'a pris son temps chemin mais j'ai idée qu'y fallait que ça arrive. Oooh Jésus ! Doooux Jésus ! Moi j'ai fait juste du mieux que je pouvais. »

Enfin, toutes deux s'apaisèrent.

« Janie, y a combien de temps que tu laisses Johnny Taylor te becquer de même ?

— Rien que cette seule fois, Nanny. Je l'aime pas mais alors pas du tout. Pourquoi j'ai fait ça c'est à cause… oh puis je sais pas !

— Merci grand, Seigneur Jésus.

— Je vais plus jamais le faire, Nanny. S'y te plaît me fais pas marier Miste Killicks…

— Moi c'est pas Logan Killicks que je veux pour toi, tite merveille, c'est une protection. Chuis pas en train de virer vieille, chère. Chuis déjà finie d'être vieille. Un matin dans pas longtemps, l'ange avec son épée va s'arrêter dans mes parages. Le jour et l'heure y me sont pas dits, mais ça va pas être bien long maintenant. J'ai prié le Seigneur Loawd du temps que t'étais encore une infantillonne à mes bras pour qu'y me laisse rester ici avec toi jusqu'au temps où tu soyes finie d'être grandie. Y m'a épargnée assez pour que je voye ce jour. Et moi maintenant ma prière quotidienne c'est de laisser rouler ces bons temps dorés encore une pogne de jours jusqu'au temps où je te voye aller sauve dans la vie.

— Laisse-moi attendre, Nanny, s'y te plaît, juste un tout pti boutte encore…

— Crois pas que je sens pas ta peine, Janie… Je la sens. Je pourrais pas t'aimer plus que ça même si j'avais eu senti dans ma propre chair toute la douleur de t'avoir eu faite naître. Pour dire la chose, je t'aime un plein tas de fois plus que ta maama, que c'est moi-même qui l'ai eu faite naître. Mais faut ça que tu prennes en considération que t'es pas une tizenfant de n'importe quel jour comme la plupart des autres. Toi y a pas personne qu'est ton paa, et tant dire que t'as pas non plus de maa, pour le bien que t'as eu de sa part. T'as personne d'autre que moi. Et moi ma tête elle est vieille et elle penche à la tombe. Et toi tu peux pas rester toute seule par toi-même. Juste la pensée de toi traînée de droite et de gauche ça me fait du mal. Chaque larme que tu verses elle me presse une pleine tasse de sang du cœur. Faut ça que je m'évertue à faire ce qu'y faut pour toi avant que ma tête elle vienne froide. »

Un sanglot de soupir s'échappa de Janie. La vieille femme lui répondit par des petits tapotements consolateurs.

« Tu sais, chère, nous autres les personnes de couleur on est rien que des branches sans racines et ça fait que les choses elles nous arrivent toutes croches de même. Toi surtout. Moi chuis née en esclavage y a un boutte et c'était pas pour moi d'accomplir mes rêves des choses qu'une femme elle doit être et faire. Ça c'est un des empêchements de l'esclavage. Mais toi y a pas rien qui peut t'empêcher de désirer. Y a personne qu'on peut frapper si tant bas pour lui voler sa volonté. Moi je voulais pas ça qu'on m'utilise comme bœuf à besogne ou coche à pourceaux, et je voulais pas ça qu'on utilise ma fille de même. Sûr que c'était pas ma volonté que les choses elles soyent arrivées comme elles sont arrivées. J'ai même haï la façon comme t'es venue au monde. Mais veut ou veut pas j'ai dit Dieu merci et j'ai eu ma seconde chance. Moi j'avais idée de prêcher un beau sermon sur les femmes de couleur qui se posent là-haut, mais y avait pas aucune chaire dressée pour moi. La liberté elle m'a trouvée avec ma tite bèbe aux bras, alors j'ai dit m'en vais prendre un balai et une marmite et lui ouvrir grand la route au milieu de la broussaille. C'est elle qu'allait me faire voir tout ça que je sentais en-dans. Mais va savoir comment elle s'est trouvée perdue sur la grand-route et vlà d'un coup que t'étais au monde. Alors toutes les nuits que j'étais à prendre soin de toi j'ai dit comme ça mon sermon j'ai qu'à le mettre de côté pour toi. Fait que ça fait un long boutte que j'attends, Janie, mais rien de tout ça que j'ai eu enduré sera jamais de trop si tant que tu te tiens toujours haute sur la terre comme j'ai rêvé. »

La vieille Nanny demeura assise, berçant Janie comme

elle l'aurait fait d'un nourrisson et remontant le cours du souvenir plus loin plus loin. Et les images lui venant à l'esprit faisaient surgir les émotions, et les émotions extirpaient autant de drames des cavités de son cœur.

« Le matin de ce jour-là sur la grande plantation au proche de Savannah, un cavalier s'est venu au galop pour nous dire comme quoi Sherman a pris Atlanta. Le fils de Massa Robert avait été fait tué à Chickamauga. Donc alors Massa Robert y prend son fusil et y grimpe à son meilleur cheval et y s'en va avec eux les têtes grises et les jeunes gens pour aller reconduire tous les yankees d'où y viennent là-bas en Tennessee.

Tout le monde y étaient à se mettre en joie et brailler et clamer pour tous ces hommes qui partaient au galop. Où j'étais moi je pouvais pas rien voir vu que ta maama elle était juste née d'une semaine et moi j'étais à plat sur mon dos. Mais c'est là qu'y fait mine comme quoi y a oublié une chose en arrière et y court jusqu'à ma case et y défait mes cheveux pour une dernière fois. Et y fait comme enrouler sa main en-dans, y pogne mon gros orteil, juste comme c'est qu'y a eu toujours fait, et y file à leurs trousses pareil comme l'éclair. Puis j'ai entendu qu'y faisaient tous un dernier hooozaa ! pour lui. Et après ça la grande maison et les cabanages ont pris le sombre et le silence.

On était à la fraîcheur du soir quand la Mistis elle est arrivée pour venir se mettre dans ma devanture. Elle a jeté grand ouvert la porte et elle restée là à me lorgner avec tous ses yeux et sa face. C'était comme si qu'elle avait traversé cent années de vie en janvier sans jamais voir un seul jour du printemps. L'est venue là se mettre juste au-dessus de moi dans mon lit. Nanny, chuis venue c'est pour voir le bébé que t'as fait là.

Moi j'ai essayé de pas sentir la brise qui soufflait de sa

face, mais ça s'est fait si tant froid d'un coup que chuis partie à me glacer comme la mort dessous ma couverte. Je pouvais pas sitôt bouger comme j'avais l'idée. Mais je savais bien que je devais me hâter de même.

Tu ferais bien d'ôter la couverte dessus le gaminaud et vite avec ça ! qu'elle m'a jeté. Dirait-on que tu sais pas qui c'est la Mistis ici sur cette plantation, Madam. Mais moi je m'en vais te montrer ça.

Fait que je m'étais débrouillée pour découvrir mon bébé assez pour qu'elle voye juste sa tête et sa figure.

Nègue là, qu'est-c'est ton bébé qu'y a ses yeux tout gris et ses cheveux tout jaunes ? Et elle a commencé à gifler ma mâchoire comme pas possible dans tous les sens. Moi j'ai pas jamais senti ses calottes d'en premier vu que j'étais trop affairée à remettre la couverte dessus ma tiboutte. Mais les celles d'ensuite ça m'a brûlée comme du feu. Ça me faisait trop de sentiments en même temps pour savoir celui que je devais suivre, alors j'ai juste pas pleuré et j'ai juste rien fait d'autre. Mais sauf qu'elle a continué à me demander comment ça se trouve que mon bébé il a l'air blanc comme ça. Elle m'a demandé la chose vingt-cinq ou même trente fois comme si qu'elle était acculée à demander de même et qu'elle pouvait pas s'empêcher. Donc alors moi j'ai dit, Je sais rien que les choses qu'on me dit de faire, vu que moi chuis rien qu'une nègue et une esclave.

Et à la place de la pacifier comme je croyais, on dirait que ça l'a lancée plus en rage. Mais j'ai idée qu'elle était bien tannée fourbue en-dans, vu qu'après ça elle m'a plus donné de coups. Elle a marché jusqu'au bas du lit pour aller essuyer ses mains dans son mouchoir. Je veux pas salir mes mains sur toi, qu'elle dit. Mais la première chose au matin c'est que le contremaître y va te conduire au poteau de fouet et t'attacher sur tes genoux et t'arracher le cuir dessus ton dos jaune. Cent coups de fouet à lanières sur ton dos nu. Te ferai donner du fouet jusqu'à tant que le sang coule à tes pieds ! Et j'ai bien en intention de les compter moi-même. Et si t'en crèves ça sera pas si tant une perte. Et d'ailleurs le jour où y prendra un mois d'âge je m'en vais vendre ce marmot qu'on me le sorte de ma place.

Et la vlà qui se hâte au-dehors et qui me laisse avec son temps d'hiver en-dans. Moi je savais que mon corps était pas remis en santé, mais je pouvais pas rester à méditer sur ça. Au noir du soir j'ai enveloppé mon bébé le mieux que je savais et j'ai fait mon chemin jusqu'aux mangroves en bord de la rivière. Je savais ça que la place était farcie de mocassins et autres serpents qui piquent, mais encore plus ce qui m'épeurait c'est tout ça que je laissais en arrière. Alors j'ai fait ma cache de jour et de nuit là-dans et je nourrissais mon bébé à toutes les fois qu'elle venait à pleurer, de peur qu'un autre que moi y l'entende et qu'y me trouve là. Chuis pas en train de dire qu'y a pas un ami ou deux qui s'est pas fait du trouble pour moi. Et en plus de ça le Seigneur Loawd s'est arrangé pour que je soye pas trapée. Et je sais pas comment ça se trouve que mon lait a pas tué ma tiboutte, avec moi qu'étais tout le temps si tant épeurée et bien en peine. Le cri des hiboux m'épeurait ; le branchage des cyprès se mettait comme à glisser et s'agiter de partout dans la noirceur venue, et moi deux trois fois j'ai entendu les panthères qui nous rôdaient aux entours. Mais y a rien qui m'a jamais fait aucun mal vu que le Seigneur Loawd y savait tout comment c'était.

Puis une nuit vlà ça que j'entends les gros canons qui grondent comme tonnerre. Ç'a pas arrêté de toute la noirceur. Et le matin après ça j'ai vu les grands navires au loin et un sacré grand dérangement de partout. Alors j'ai enveloppé ma Leafy dans la mousse pour la crocher bien solide en haut d'un arbre et après filer tout petit mon chemin jusqu'à l'appontement vers l'en-bas. Tous les hommes étaient en habit bleu, et j'ai entendu du monde dire comme quoi Sherman s'envenait à la rencontre des navires à Savannah, et nous tous les esclaves on était libres. Alors j'ai couru pour aller prendre mon bébé avec moi et je me suis accointée avec d'autres et j'ai trouvé une place où je pouvais rester.

Mais c'était un long boutte après ça qu'y a eu la Grand Reddition à Richmond. Puis on a entendu la grosse cloche sonner d'Atlanta et tous les hommes en habit gris y se sont rendus à Moultrie, pour enfouir leur épée endans la terre et faire voir comme quoi plus jamais y vont se battre à cause de l'esclavage. Donc alors on a connu ça qu'on était libres.

Moi je voulais pas marier personne, même si j'aurais pu un plein tas de fois, mais je voulais pas qu'on fasse du mal à mon bébé. Alors me suis mise avec des blancs qu'étaient des bonnes personnes comme ça pour m'envenir à l'Ouest de Floride ici à travailler et faire briller le soleil de chaque bord de la rue pour ma Leafy.

Ma Madam elle m'a aidée avec ma fille juste pareil comme elle a fait avec toi. J'ai mis ma Leafy à l'école quand c'était qu'y avait une école pour la mettre. Vu que moi c'est une maîtresse d'école que j'espérais de faire d'elle.

Mais un jour elle est pas rentrée à la maison à l'heure qu'elle devait et moi j'ai attendu j'ai attendu, mais de toute la nuit elle est pas jamais rentrée. J'ai pris une lanterne pour aller m'enquérir de partout mais y avait pas personne qui l'avait vue pour moi. Et le matin après ça c'est elle-même qui s'en retourne en se traînant sur ses mains et ses genoux. Fallait voir ça. Le maître d'école y avait enlevé caché ma Leafy dans le bois toute la nuit longue, et il avait violenté mon bébé, et y s'était sauvé de là juste avant le jour.

Dix-sept années tout juste qu'elle avait, et une chose de pareil qui lui arrive ! Loawd aie pitié ! Chuis capable à tout voir encore comme devant mes yeux. Y a un boutte qu'est passé avant qu'on la voye se remettre de tout ça, puis là fait qu'on savait déjà que t'étais en chemin. Et après ça que t'étais née, elle a commencé à se prendre de boisson et traîner toutes les nuits au-dehors. Moi j'arrivais pas à la faire rester en quèque part ici ou nulle part. Le Seigneur Loawd y a que lui qui sait où la trouver maintenant. Elle est pas morte, vu que moi je le saurais dans toutes les choses que je sens en-dans, mais y a bien des fois que je souhaite ça qu'elle soye en repos.

Et, Janie, peutête c'était pas grand-chose, mais moi j'ai fait le mieux que je pouvais avec toi. J'ai raclé et gratté et acheté ce bout de terre qu'y a ici pour que tu soyes pas forcée de rester dans l'arrière-cour des blancs et tenir ta tête rentrée devant les autres tizenfants à l'école. Et ç'allait bien si tant que t'étais encore ptite. Mais quand t'es venue à être assez grande pour comprendre les choses, j'ai voulu que tu soyes capable à prendre soin de toi-même. Moi je veux pas ça que d'aucuns y te broyent toutes tes plumes et qu'y te jettent des choses dans la face. Et je peux pas mourir en doucement si je pense que des hommes qu'y soyent blancs qu'y soyent noirs y vont peutête te traiter comme si t'étais leur godet à cracher. Aie quelque charité pour moi. Dépose-moi tout doux, Janie, chuis rien qu'une assiette fêlée. »

3.

Il est des années faites pour poser les questions et des années faites pour y répondre. Comme il n'avait pas été donné à Janie de savoir les choses, elle dut poser les questions. Le mariage mettait-il fin à l'esseulement cosmique des êtres inappariés ? Le mariage commandait-il à l'amour comme le soleil au jour ?

Pendant les quelques journées qu'elle eut à vivre avant de rejoindre Logan Killicks et ses soixante arpents de terre si souvent mentionnés, Janie se questionna du dedans jusqu'au dehors. Elle ne cessait d'aller au poirier et d'en revenir, sans répit s'interrogeant et délibérant. Des paroles de Nanny et de ses propres conjectures elle tira pour finir une façon de réconfort. Oui, après qu'ils seraient mariés elle aimerait Logan. Elle ne voyait vraiment pas comment cela se produirait, mais Nanny et tous les anciens l'avaient dit, c'était donc qu'il en était ainsi. Maris et femmes ne pouvaient que s'aimer pour toujours, et c'était là tout le sens du mariage. C'était ainsi. De cette pensée Janie se réjouit, car désormais tout cela ne lui apparaîtrait plus aussi ravageant et moisi. Elle ne se sentirait plus esseulée.

Janie et Logan se marièrent dans le petit salon de Nanny un samedi soir avec trois gâteaux et des grands plats de lapin et de poulet frit. De quoi festoyer en abondance. À cela Nanny et Mrs. Washburn prirent soin de pourvoir. Mais nul n'eut l'idée de disposer sur le siège de la carriole de quoi lui donner fière allure en chemin vers la maison de Logan. L'endroit était aussi solitaire qu'une souche au milieu d'un bois où personne n'a jamais mis les pieds. Et la maison n'était guère plus engageante. Janie y entra pourtant, pour attendre là que l'amour débute. La lune nouvelle était montée et redescendue trois fois avant qu'une inquiétude ne commence à poindre à son esprit. Alors elle s'en alla voir Nanny dans la cuisine de Mrs. Washburn, le jour des biscuits battus.

Nanny laissa rayonner toute sa joie et pria Janie de se rapprocher de sa planche à pétrir pour l'embrasser comme du bon pain.

« Loawd aie pitié si c'est pas ma chère juste là, certain que ça me fait grand bonheur de voir ma tiboutte ! Viens en-dans et va faire savoir à Miz Washburn que t'es là. Hmm ! Hmm ! Hmm ! Et comment y va ce mari que tu t'es pris ? »

Janie n'alla pas voir Mrs. Washburn. Pas plus qu'elle ne prononça la moindre parole pour égaler en joie celles de Nanny. Elle se laissa seulement tomber sur un siège pour y caler ses deux hanches. Et entre ses biscuits et sa fierté rayonnante Nanny pendant un moment ne vit rien. Mais au bout d'un certain temps comme elle trouvait que la conversation se faisait solitaire elle leva les yeux vers Janie.

« Qu'est-c'est qu'y a, shugga ? T'es pas si tant fringante à ce matin.

— Oh pas grand-chose, me figure. Chuis juste là pour prendre un bout de conseil auprès de toi. »

La vieille femme eut un air ahuri, puis un grand cliquetis de rire lui échappa. « Dis-moi pas que ça y est te vlà grosse ? Voyons ça… ce samedi ça nous fait deux mois et deux semaines…

— Non maam, tout cas pas que je croye. »

Janie rougit un tout petit peu.

« T'as pas rien à prendre honte de ça, chère, maintenant que t'es toute une femme mariée. T'as ton époux à toi devant la loi pareil comme Miz Washburn ou toute une chacune.

— Et moi chuis tranquille de même. Je sais qu'y a rien de ce bord-là.

— Toi et Logan vous avez eu chamaille à pâtir ? Loawd, j'ai idée que ça y est que cette panse d'herbes molles de nègue à lippes comme son foie y est déjà allé prendre mon bébé pour la cogner ! M'en vais trouver une verge et te le faire saliver !

— Non maam, y a même pas parlé qu'y veut me taper ou quoi. Y dit que jamais y voudrait ça me faire sentir le poids de sa main en malice. Y coupe tout ce qu'y se figure que j'ai besoin en bois, et après y le coltine à la cuisine pour moi. Et y veille que les deux seaux d'eau y soyent toujours pleins.

— Hmm ! T'attends pas que tout ça va continuer de même. Y a qu'y becque pas ta bouche pendant le temps qu'y fait des façons sur toi comme ça. Y a que c'est tes pieds qu'y becque de même et c'est pas dans aucun homme d'aller becquer longtemps des pieds. Becquer la bouche ça c'est une chose d'égalité et c'est naturel mais quand c'est qu'y viennent à se courber pour aimer y sont bien vite à se remettre droit.

— Oui maam.

— Fait que... s'y s'échine tout ça pour toi comment ça se trouve que tu m'arrives ici avec la figure longue comme mon bras ?

— Pasque t'as dit que je devais finir par venir à l'aimer et... et moi non je finis pas... Peutête si quelqu'un y m'esplique comment, moi comme ça je serai capable ?

— Et tu t'en viens ici avec ta bouche remplie de

sottises un jour où j'ai tout ça d'ouvrage ? T'as là pour toi un poteau où t'appuyer le restant des jours pour ça que t'es née, et de la protection en sacrément, et tout le monde ici qui sont à lever le bord de leur chapeau sur ton chemin et t'appeler Miz Killicks tout ça, et toi tu viens me tanner avec l'amour ?

— Mais, Nanny, moi je voudrais bien vouloir de lui en quèque fois. Je veux pas ça qu'y soye tout seul à faire tout le vouloir.

— Ça si tu veux pas de lui, certain qu'y faut t'y coller. T'es là avec le tout seul orgue qu'y a dans la ville, toi parmi tous les gens de couleur, avec un orgue à toi dans ton salon. T'as toute une maison achetée payée et soixante acres de terre plein sur la grand-route et… Loawd aie pitié ! C'est ça la fourche que nous les femmes noires on se tient toutes crochées dessus. L'amour ! C'est juste ça qui nous fait toutes à tirer à traîner à suer à trimer de peut pas voir au matin jusqu'à peut pas voir au soir. C'est de par ça que les anciens d'avant y disent que d'être un imbécile ça va pas jamais tuer personne. Ça va juste te faire à suer. Te parie ça que tu veux un de ces gommeux qu'est forcé à zyeuter la semelle de ses souliers toutes les fois qu'y doit traverser la route pour voir si le cuir par en bas y en a assez pour arriver de l'autre bord. Toi les ceux de la sorte avec tout ça que tu possèdes tu peux aller les acheter et les vendre. Pour le vrai si t'en as le goût tu peux même aller les acheter et les donner !

— Chuis pas à lorgner sur aucun ceux de la sorte. Puis en même temps y a aussi que moi cette vieille terre je la prends pas grandement à cœur. Je pourrais en balancer dix acres dessus la barrière à chaque jour sans me tourner pour voir où y tombent. Et pour Miste Killicks je sens la même chose pareil en-dans. Y a des gens y sont pas faits pour être aimés et lui c'est un de ceux-là.

— D'où que tu penses ça ?

— À cause que j'haïs la manière que sa tête elle est si tant longue d'une façon et si tant plate de chaque bord et ce pain de gras qu'y a là derrière son cou.

— Y s'est pas fabriqué sa propre tête ! T'es rien qu'à dire des sottises.

— M'en fiche pareil qui l'a fait, juste moi j'aime pas la djob. Et sa panse aussi elle est trop grande d'ailleurs, et ses ongles d'orteils y sont comme des pieds de mulet. Et y a rien qui l'empêche d'aller laver ses pieds à chaque soir avant qu'y vienne au lit. Y a pas aucun empêchement vu que moi je lui prépare toute l'eau qu'y faut. J'aimerais mieux ça qu'on me cribbe avec des clous que jamais je vais me tourner dans le lit et faire que l'air dessous remue quand lui y est en-dans. Y dit même pas jamais aucune chose qui soye jolie. »

Elle se mit à pleurer.

« Moi je voudrais ça des choses douces dans mon mariage comme quand c'est qu'on va s'asseoir sous un poirier pour réfléchir. Moi…

— Ça sert de rien que tu pleures, Janie. Grandmaa des routes elle en a avalé quèques-unes elle-même. Certain que les gens y vont pleurer pour une chose ou autre. Mieux laisser les choses aller de la manière que ça va. T'es encore toute jeunette. Tu peux pas dire les choses qui sont capables d'arriver avant que tu doives mourir. Attends un temps pour voir, bèbe. Tu vas venir à penser pas pareil. »

Nanny la mine grave renvoya Janie chez elle, mais tout le long restant du jour elle sentit son ardeur au travail s'étioler. Et quand elle eut retrouvé l'intimité de sa petite cabane elle resta agenouillée si longtemps qu'elle en oublia jusqu'au fait qu'elle était là. Il y a dans l'esprit un bassin au-dessus duquel flottent les mots sur les pensées et les pensées sur les choses entendues et vues. Et puis il y a des profondeurs de pensées que les mots ne peuvent atteindre, et plus profond encore des gouffres d'émotions informes que les pensées ne peuvent atteindre. Et une fois de plus agenouillée sur ses vieux os Nanny pénétra dans cet infini de douleur consciente. Vers le matin elle marmotta, Loawd, tu connais mon cœur. Moi j'ai fait du mieux que je pouvais. Le restant je laisse ça pour toi. Elle se releva péniblement pour aller s'affaler de tout son poids en travers du lit. Un mois plus tard elle était morte.

Alors Janie laissa rouler un temps de floraison, puis un temps vert, puis un temps orangé. Mais les pollens de nouveau se mirent à dorer le soleil et se tamiser sur le monde et elle recommença à se poster près de la barrière pour attendre qu'arrivent les choses. Quelles choses ? Elle ne savait pas précisément. Elle avait le souffle court et traversé de bourrasques. Elle savait des choses que personne ne lui avait jamais dites. Par exemple, la langue des arbres et du vent. Elle parlait souvent aux graines en les regardant tomber et leur disait, J'espère ça que vous tombez en terre douce, parce qu'elle avait entendu des graines se dire cela en passant. Elle savait que le monde était un étalon batifolant dans le pré bleu de l'éther. Elle savait que Dieu déchirait le monde ancien chaque soir pour en fabriquer un autre avant le lever du jour. C'était merveilleux de le voir prendre forme dans le soleil pour émerger des poussières grises. Les choses et les êtres familiers lui avaient failli, alors Janie se penchait par-dessus la barrière et scrutait la route au lointain. Elle savait maintenant que le mariage ne faisait pas l'amour. Ainsi mourut le premier rêve de Janie, ainsi devint-elle femme.

4.

Bien avant que l'année ne prenne fin, Janie s'aperçut que son mari avait cessé de lui parler en rimes. Il ne s'émerveillait plus de ses longs cheveux noirs et n'y passait plus les doigts. Six mois plus tôt déjà il avait dit, Si moi chuis capable à traîner le bois jusqu'ici et fendre tout ça pour toi, ça paraît que toi aussi tu pourrais te rendre capable à le coltiner en-dans. Tout cas ma femme la première elle m'a pas jamais fait d'embêtements pour fendre aucun bois à part de ça. L'avait juste qu'à pogner la hache puis les bouts de bois les faisait partir à voler comme un homme. Toi t'as été pourrie gâtée.

Alors Janie avait dit, Moi chuis juste si tant raide que t'es costaud. Si tu peux tolérer ça de pas fendre le bois et de pas le coltiner, alors moi je me figure que tu peux tolérer ça de pas avoir aucun souper à soir. Scuse ma froidure Mista Killicks, mais moi j'ai pas moindrement en intention d'aller fendre aucun premier bout de bois.

— Aoow tu sais que je vais le fende pour toi le bois. Même si tu fais si tant de giries que tu peux être capable avec moi. Ta grandmaa et moi-même ici présent on t'a eu gâtée de trop, et moi maintenant je vois ça que chuis forcé de continuer de même. »

Un matin qu'elle était à la cuisine il l'appela depuis la grange. La mule était prête et sellée à la barrière.

« Garde voir ici tiboutte, aide-moi un coup. Coupe donc ces patates à semencer pour moi. Faut ça que je m'en alle faire un tour.

— Où ça tu t'en vas ?

— Là-bas à Lake City pour voir un gars qu'a une mule.

— Pour quoi faire t'as besoin de deux mules ? Ou soit que tu vises ça d'aller changer celle-ci pour une autre ?

— Naaan. Y a juste qu'y me faut deux mules à cette année. Les patates y vont faire d'autres patates à l'automne. Y a les prix qui vont monter gros. Moi j'ai idée qu'on peut mener deux charrues, et l'homme que je dis y a une mule elle est douce comme tout tellement que même une femme peut la mener. »

Au creux de sa joue Logan cala bien solidement sa chique de tabac, en thermomètre de ses émotions, et continua d'observer le visage de Janie, attendant qu'elle réagisse.

« Me dis tant qu'à faire j'ai qu'à y aller voir », reprit-il avant de déglutir un peu de salive pour tuer le temps, mais Janie ne répondit rien d'autre que : « Bah je vais les couper pour toi les patates. Quand c'est donc que tu retournes ? »

— Je sais pas au juste. Aux environs du sombre au noir, me figure. C'est comme qui disait un long chemin – spécialement s'y faut que je mène une autre mule quand je retourne. »

Quand Janie eut fini à l'intérieur elle alla dans la grange s'occuper des pommes de terre. Mais comme le printemps venait la trouver jusque-là elle se déplaça avec tout son attirail vers un coin du jardin d'où elle avait pleine vue sur la route. Le soleil de midi filtrait à travers les feuilles du majestueux chêne sous lequel elle s'installa et sur le sol à ses pieds il dessinait une dentelle de motifs. Janie était là depuis un long moment déjà lorsqu'elle entendit siffler quelqu'un en contrebas sur la route.

C'était un citadinisé, un homme d'élégance et qui portait son chapeau incliné suivant un angle bien inhabituel dans ces parages. Son pardessus reposait à son bras, mais il n'en avait pas besoin pour faire valoir l'allure de son habit. Rien que la chemise et les tours-de-bras de soie suffisaient à éblouir le monde. Il sifflait, s'épongeait le visage et marchait d'un air de savoir où il allait. Il avait le teint bai sombre mais aux yeux de Janie il agissait tout comme un Mr. Washburn ou quelqu'un comme ça. D'où pouvait venir un homme pareil et où allait-il ? Il ne regardait pas de son côté ni d'ailleurs d'aucun côté mais seulement droit devant lui, alors Janie courut jusqu'à la pompe pour en secouer rudement la poignée au prétexte de pomper. Cela fit grand bruit, en même temps que se dénouait sa pesante chevelure. C'est là qu'il s'arrêta pour la regarder intensément, avant de lui demander un peu d'eau fraîche.

Janie continua de pomper tout le temps qu'il lui fallut pour bien regarder l'homme. Lui tout en buvant conversait amicablement.

Joe Starks était son nom, eh ouais Joe Starks de la Georgie en-dans et en travers. Il avait travaillé toute sa vie pour les blancs. Mis de côté une sommelette – peu près trois cents dollars, mais si mais si, juste là dans sa poche. Il arrêtait pas d'entendre ça qu'y bâtissaient un État nouveau par ici dans la Floride et voilà qu'il avait eu comme envie de venir voir. Sûr que là-bas où y restait y se faisait un tas de sous. Mais quand c'est qu'il a entendu parler qu'on faisait en quèque part une ville avec rien que des gens de couleur, sitôt de suite il a su que c'était ça la place où y voulait se tenir. L'avait toujours voulu faire entendre sa voix grand, mais les blancs y se gardent pour eux tout le dire là-bas d'où il vient et partout ailleurs, sauf seulement dans cette place que les gens de couleur sont en train de bâtir pour eux-mêmes. Et c'était pour le juste à part de ça. L'homme qui a bâti sa place y doit aussi être le patron en-dans. Faut laisser les gens de couleur qu'y bâtissent leurs propres places de même s'y veulent ça chanter leur fierté dessus. Il était bien content d'avoir mis tout son argent de côté. Il avait en intention d'arriver là-bas du temps que la ville est encore toute bébé. Il avait en intention d'acheter grand. Il avait toujours eu l'espoir et le désir de faire entendre sa voix grand et voilà qu'il avait dû attendre de vivre proche trente années avant de trouver l'occasion. Et où y se trouvaient le paa et la maa de Janie ?

« Sont morts, me figure. Je suis pas trop au courant d'eux autres, vu que c'est ma grandmaa qui m'a eu faite grandir. Morte pareil aussi.

— Morte pareil ! Ça alors, qui c'est qui s'occupe d'une tiboutte comme toi ?

— Chuis mariée.

— Toi ici t'es mariée ? Mais t'es pourtant pas guère assez vieille pour être sevrée. Parie ça que tu raffoles encore des sucettes au sucre, pas vrai ?

— Certain, et même c'est moi qui me les fabrique pour les sucer sitôt que ça me prend le goût. Puis mon eau sucrée aussi.

— Moi j'aime ça tout pareil. Jamais je pourrai être assez vieux pour plus aimer mon eau sucrée au sirop quand elle est bonne et bien fraîche.

— Nous on a tout plein de sirop à la grange. Du sirop de canne rubanée. Si c'est que vous en avez le désir…

— Y est où donc votre mari, Missiz… euh…

— Moi mon nom c'est Janie Mae Killicks depuis le temps que maintenant chuis mariée. Avant ça on m'appelait Janie Mae Crawford. Mon mari y est parti acheter une mule pour moi que je laboure. Y m'a laissée ici à couper des patates à semencer.

— Vous derrière une charrue ! Vous avez pas plus à faire avec une charrue qu'un cochon y aurait à faire avec des congés ! Vous avez pas plus à faire pareil de couper des patates à semencer. Une jolie ptite poupée comme vous c'est fait rien que pour aller s'asseoir sur la véranda devant à se balancer et s'éventer soi-même et manger des patates que d'autres gens y ont spécialement plantées pour vous. »

Janie rit en tirant de la barrique deux quarts de sirop tandis que Joe Starks à la pompe remplissait le baquet d'eau bien fraîche. Ils s'assirent sous l'arbre et parlèrent. Il filait sa route jusqu'aux terres nouvelles de Floride là-bas, mais quel mal à s'arrêter pour causer un peu ? Plus tard il décida qu'il lui fallait prendre un peu de repos de toute façon. Ça lui ferait grand bien de se reposer une semaine ou deux.

Tous les jours après cela ils firent en sorte de se retrouver dans le taillis de chênes nains de l'autre côté de la route pour parler de quand il serait un grand dirigeant de tas de choses et qu'elle en récolterait les bénéfices. Janie longtemps garda ses distances parce qu'il ne lui évoquait ni le soleil levé ni le pollen ni les arbres en fleurs, mais tout en lui parlait d'horizon lointain. Parlait de changement et de chance. Elle hésitait cependant. Le souvenir de Nanny était encore vif et puissant.

« Janie, si tu te figures que moi je vise d'aller te bobiner et te faire sentir comme un chien, t'as juste faux. Moi je veux ça faire ma dame de toi.

— Tu dis vrai, Joe ?

— Le jour que tu vas mettre ta main dans la mienne, plus jamais je vais laisser le soleil descendre sur nous en célibataires. Moi chuis un homme avec des principes. Toi t'as jamais connu c'est quoi d'être traitée comme une dame et moi je veux être celui-là qui va te montrer. Appelle-moi Jody comme tu fais des fois.

— Jody, dit-elle en lui souriant, mais mettons voir à supposer…

— Laisse faire avec les mettons voir à supposer et tout le restant. Un peu après soleil levé demain à matin je m'en vais me mettre au bas de cette route pour t'attendre. Toi tu t'en viens pour aller avec moi. Puis tout le restant de ta vie naturelle tu pourras vivre comme c'est que tu devrais. Donne-moi un baiser et secoue voir ta tête. Quand tu fais ça, y a tes cheveux qui viennent à se fendre tout plein comme le jour. »

Janie dans son lit cette nuit-là délibéra la chose.

« Logan, tu dors ?

— Si c'était que oui, ça serait déjà fini que tu m'as tout réveillé.

— Fait que là j'étais en train de penser fort à nous ; à toi puis moi.

— Y était temps pas à peu près. T'es quèquefois fortement indépendante aux abords d'ici, si on considère.

— Si on considère quoi par exemple ?

— Si on considère ça que t'es née dans une carriole avec aucun toit dessus, et toi et ta maama vous êtes venues au monde pour grandir dans le fond d'un jardin de blancs.

— T'as pas rien dit de tout ça quand c'est que t'étais à pleurnicher après Nanny pour que je te marie.

— Moi je croyais ça que t'allais précier mon bon traitement. Je croyais ça que je m'en allais te prendre et faire quèque chose de toi. Comme si tu te figures que t'es une blanche, vu la manière que t'agis.

— Mettons voir à supposer qu'un jour je m'en alle d'ici pour te laisser. »

Voilà. Janie venait de mettre des mots sur les peurs

qu'il contenait au-dedans de lui. Bien sûr qu'il se pouvait qu'elle s'en aille. À cette seule pensée Logan sentit un atroce lancinement lui envahir le corps, mais il jugea plus opportun de se draper de mépris.

« Moi tu vois chuis au bord de m'ensommeiller, Janie. On n'a qu'à plus se parler de rien du tout. Y a guère trop d'hommes qu'iraient te donner leur confiance, connaissant tes parents comme y sont.

— Ça se peut que je pourrais bien m'en trouver un qui me donne sa confiance de même puis te laisser là.

— Schocks ! Bonne poire comme moi t'en trouves plus ! Y en a plein y vont peutête faire des sourires dans ta face, mais jamais y vont aller travailler pour te nourrir. T'iras pas bien loin et ça sera pas bien long, avant que ton gros boyau là-dans y soye en train de t'enserrer le plus fin, puis là tu vas être ben trop contente de rappliquer.

— Pour toi y a rien qui compte plusse que ton petit salé et ton pain de maï.

— Ça y est que moi chuis tout sommeilleux. Puis je vise pas ça d'aller mettre mes boyaux à tortiller avec aucun mettons voir à supposer jusqu'à tant de m'en faire de la corde à violon. »

Il se retourna tout étreint d'une atroce rancœur et fit mine de s'endormir. Il espéra qu'il l'avait blessée autant qu'elle l'avait blessé lui.

Le lendemain matin Janie se leva en même temps que lui et en était à mi-chemin de la préparation du petit déjeuner lorsqu'elle l'entendit beugler depuis la grange.

« Janie ! appela Logan d'une voix âpre. Viens-t'en m'aider à bouger ce gros tas de fumier avant que le soleil y vienne à chauffer. Tu prends pas moindrement intérêt à aucune chose ici. Ça sert de rien que tu soyes à traîner dans ta cuisine toute la journée longue. »

Janie s'avança jusqu'à la porte sans cesser de remuer le gruau de maïs dans la poêle qu'elle tenait à la main, et elle jeta un coup d'œil en direction de la grange. Le soleil en embuscade menaçait le monde de ses dagues rougeoyantes, mais les ombres autour de la grange paraissaient encore bien denses et grises. Logan avec sa pelle ressemblait à un ours brun exécutant sur ses pattes arrière quelque mouvement de danse disgracieux.

« T'as pas besoin de mon aide là-bas, Logan. Toi t'es à ta place à toi, et moi chuis à ma place à moi.

— T'as pas aucune place particulière à toi. T'as juste qu'à être à toutes les places où moi j'ai besoin. Bouge ton postère, et vite avec ça.

— Ma maama m'a jamais dit que chuis venue au monde en aucune hâte. Alors je vois pas bien quelle affaire va me presser maintenant ? N'importe comment c'est pas ça qui te fait mettre en rage. T'es en rage que je tombe pas agenouillée pour décrasser ces soixante acres de terre que t'as là. Tu m'as pas fait aucune faveur en me mariant. Et si c'est ça que tu te racontes que t'as fait, je te remercie pas pour ça. T'es en rage que chuis en train te dire les choses que toi-même tu sais. »

Logan laissa tomber sa pelle et fit deux ou trois pas balbutiants en direction de la maison, puis brusquement il s'arrêta.

« Change pas trop de mots avec moi à matin, Janie, même si moi présentement je prendrais bien ma place pour la changer avec toi ! Garde voir, moi comme qui disait chuis allé te sortir de l'arrière-cuisine des blancs pour te déposer ici sur ton royal pétrustrain, et toi tu viens et tu me dégrades de même ! M'en vais pogner la hache ici pour aller te tuer là-bas ! T'as intérêt de t'assécher le robinet là-bas où tu te tiens ! Moi chuis bien trop honnête et travailleur pour n'importe qui dans ta parenté, et c'est juste rien que ça la raison que tu veux pas de moi ! »

Sa dernière phrase fut moitié sanglot et moitié cri.

« Je suppose qu'y a une bonriennerie de nègue qu'est là en train te faire des sourires dans ta face et te dire des menteries. Nom d'un foutu derrière que t'as ! »

Sans un mot Janie tourna le dos à la porte, et sans s'en rendre compte elle s'immobilisa au milieu de la pièce. Elle se mettait hors d'elle rien qu'à se tenir là juste à ressentir. Quand les palpitations s'apaisèrent un peu elle se repassa en tête les paroles de Logan et les déposa à côté d'autres choses qu'elle avait vues et entendues. Et quand elle eut fait cela elle laissa tomber la pâte de gruau dans le poêlon et l'aplanit de la main. Elle n'était même pas en colère. Logan l'incriminait de sa maa, de sa grand-maa, et de ce qu'elle ressentait, et à tout cela elle ne pouvait absolument rien faire. Le petit salé dans sa casserole avait besoin d'être retourné. Elle le fit sauter puis le replaqua au fond. Un peu d'eau froide dans la cafetière pour la tempérer. Renversa la galette de maïs sur une assiette et puis laissa venir un petit rire. À quoi bon perdre tout ce temps ? Un sentiment de nouveauté soudaine et de changement se déversa en elle. Janie sortit en hâte par la barrière de devant et prit la direction du sud. Même si Joe n'était pas à l'attendre au rendez-vous, ce changement pour elle ne pouvait qu'être bon.

L'air matinal lui faisait en chemin comme une robe nouvelle. Elle prit conscience du tablier qui lui sanglait la taille. Elle le dénoua pour s'en débarrasser dans un petit buisson au bord de la route avant de reprendre sa marche, cueillant des fleurs pour s'en faire un bouquet. Puis elle arriva à l'endroit où Joe Starks l'attendait dans une voiture attelée louée pour l'occasion. Il avait un air très solennel et l'aida à monter sur le siège à ses côtés. Avec lui dessus, l'attelage semblait un haut siège de commandement. Dès lors et jusqu'à sa mort elle verrait de la poussière de fleurs et du printemps saupoudrés sur toutes les choses. Une abeille pour sa floraison. Ses pensées d'avant allaient maintenant lui venir à point, mais il allait d'abord falloir que fussent inventés et dits des mots nouveaux pour les contenir.

« Green Cove Spring », lança-t-il au conducteur. Et c'est en ces lieux qu'ils se marièrent avant même que se couche le soleil, ainsi que Joe l'avait dit. Dans leurs nouveaux habits de soie et de laine.

Ils s'assirent sur la véranda de la pension pour voir le soleil plonger au-dedans de la grande faille terrestre d'où émergeait aussi la nuit.

5.

Dans le train le lendemain, Joe ne lui fit pas grand discours en rimes, mais il lui acheta ce qu'il y avait de mieux à l'étal du marchand ambulant, comme des pommes ou une lanterne de verre remplie de friandises. Avant tout il parla des projets qu'il avait pour la ville sitôt qu'il serait arrivé. Ils auraient forcément besoin d'un homme comme lui. Janie le regardait tout le temps et elle était fière de ce qu'elle voyait. L'allure plutôt replète comme les blancs riches. Les trains, les gens ou les lieux inconnus ne l'impressionnaient pas plus que ça. À Maitland où ils descendirent Joe trouva un boghey qui les transporta illico jusqu'à la ville des gens de couleur.

Quand ils arrivèrent au tout début de l'après-midi, Joe annonça qu'ils feraient d'abord un tour de reconnaissance pour découvrir l'endroit. Et bras dessus bras dessous ils laissèrent leurs pas les mener d'un bout à l'autre de la ville. Joe prit note de la maigre douzaine de bicoques aux façades infâmes éparpillées dans le sable parmi les racines de palmiers nains et il dit : « Dieu ! ils appellent ça une ville ? Voyons donc, c'est rien qu'une terre à friche au milieu des bois.

— C'est un plein tas de fois moins grand que moi je me figurais, avoua Janie, désappointée.

— Bien ce que je pensais, dit Joe, un plein tas de parleries mais y a personne ici qui fait rien. Eï Dieu, y est où le maire ? demanda-t-il à la cantonade. Moi je veux ça parler au maire. »

Deux hommes qui se trouvaient assis au pied d'un immense chêne vert, affalés sur le plat des épaules, se redressèrent presque au seul son de sa voix. Ils regardèrent fixement Joe, son visage, ses vêtements, et sa femme.

« D'où que vous arrivez vous autres si tant pressés que vous êtes ? demanda Lee Coker.

— Georgie du milieu, répondit aussitôt Starks. Joe Starks c'est mon nom, Joe Starks de la Georgie en-dans et en travers.

— Vous avec votre fille vous êtes venus vous joindre à nous en compagnie ? demanda l'autre silhouette inclinée. Bigrement réjouis de vous avoir. Hicks ici c'est mon nom. Govenor Amos Hicks de Burford, Carline du Sud. Libre, célibataire, sans occupation.

— Eï Dieu, chuis nullement près d'être si tant vieux que j'aurais une grande fille de même. Ça ici c'est ma femme. »

Hicks se raffala en arrière et perdit instantanément tout intérêt pour l'affaire.

« Y est où le maire ? insista Starks. Moi je veux ça converser avec lui.

— Pour ça vous êtes un brin trop prémature, lui répondit Coker. Nous ici de maire on n'en a pas encore.

— Vous avez pas de maire ? Bah ! qui c'est qui vous dit quoi faire à vous ici ?

— Personne. Tout le monde y sont assez grands. Puis n'importe comment, faut dire qu'on a juste pas pensé à ça. Tout cas moi j'y ai pas jamais pensé.

— Moi j'y ai pensé un jour, dit Hicks rêveusement, puis après ça j'ai oublié puis j'y ai plus pensé depuis le jour-là.

— Pas étonnant que les choses soyent pas mieux, fit remarquer Joe. Moi je viens ici pour acheter, et pour acheter grand. Sitôt qu'on se trouve une place pour dormir à soir nous les hommes faut qu'on convoque tout le monde ensemble pour se former un comité. Puis là on va être capables à faire que les choses elles allent de l'avant aux abords d'ici.

— Je peux faire ça vous indiquer où dormir, proposa Hicks. Y a un gars il a toute construit sa maison et sa femme elle est pas arrivée encore. »

Starks et Janie se remirent en chemin dans la direction indiquée tandis que Hicks et Coker leur décochaient dans le dos des regards acérés.

« Ça c'est un homme y parle comme un contremaître de section, fit remarquer Coker. L'est bigrement astreingnant.

— Schocks ! fit Hicks, moi j'ai une culotte elle est juste si tant longue que la sienne. Mais la femme qu'il a ! Cherais rien qu'un fils de Compuction si je m'en vais pas à la Georgie pour m'en ramasser une juste comme elle.

— Et avec quoi ?

— Avec ma parlerie, maaan.

— Ça prend des sous pour nourrir les jolies femmes. Elles en ont plein au baquet des parleries.

— Pas des comme moi. Elles aiment ça entendre mes parleries pasqu'elles peuvent pas les comprendre. Mon entre-parlé l'est juste trop profond. Y a trop d'entre dedans.

— Mmmpff !

— Tu me crois pas, pas vrai ? T'as pas aucune idée toutes les dames que je peux mettre sous mon commandement.

— Mmmpff !

— T'as même jamais vu une pareille chose quand moi chuis à plaisirer et donner plaisir.

— Mmmpff !

— Chance pour lui qu'il a marié la fille avant qu'elle m'a vu. Moi quand ça me prend l'idée chuis capable à être du trouble en certain.

— Mmmpff !

— Moi chuis tout un enfant de femelle aux abords des gentes madames.

— Et moi je voudrais mieux ça le voir faire que l'entendre. Allez viens-t'en on va voir les choses qu'y veut nous faire ici dans la ville. »

Ils se levèrent et se dirigèrent nonchalamment vers l'endroit où Starks pour l'heure avait élu domicile. D'ores et déjà la ville s'était avisée de cette présence étrangère. Joe se tenait sur la véranda à discuter avec un petit groupe d'hommes. Janie quant à elle était visible par la fenêtre de la chambre à coucher où elle commençait de s'installer. Joe avait loué la maison pour un mois. Les hommes l'entouraient, et il s'adressait à eux en les questionnant.

« C'est quoi le vrai nom de la ville ?

— Y en a y disent West Maitland et y en a y disent Eatonville. Ça c'est à cause que Capt'n Eaton nous a donné de la terre lui avec Mr. Laurence. Mais c'est Capt'n Eaton qu'a donné le premier bout.

— Combien c'est qu'y ont donné en tout ?

— Oh quèque chose comme cinquante acres.

— Combien c'est que vous en avez maintenant ?

— Oh quèque chose comme pareil.

— C'est nullement près d'être assez. Qui c'est qui possède la terre qui touche à la terre qu'est à vous autres ?

— Capt'n Eaton.

— Et où y se trouve ce Capt'n Eaton ?

— Là-bas à Maitland, à part de quand c'est qu'y s'en va visiter ou quoi.

— Laissez-moi parler à ma femme et après je m'en vais voir votre homme. Vous pouvez pas avoir une ville sans rien comme terre pour bâtir dessus. Vous tous ici vous avez pas assez à vous pour aller maudire un chat sans qu'y va vous fourrer tout son poil dans la bouche.

— La terre y en a plus à donner. Ça va vous prendre un plein tas de sous pour en avoir de plusse.

— Je compte payer pour sûr certain. »

L'idée leur parut drôle et leur donna le goût de rire. Ils firent leur impossible pour se retenir, mais suffisamment d'hilarité incrédule jaillissait de leurs yeux et suintait au coin de leur bouche pour que tout un chacun fût informé de leurs pensées. Alors Joe tourna brusquement les talons. La plupart lui emboîtèrent le pas pour lui montrer le chemin et pour être aux premières loges quand il se trouverait au pied du mur.

Hicks ne poussa pas si loin. Dès qu'il eut l'impression que son absence passerait inaperçue dans la foule il fit demi-tour pour regagner la maison et monta les marches de la véranda.

« Soir, Miz Starks.

— Bonsoir.

— Alors ça va être de votre goût par ici vous croyez ?

— Je crois bien ça.

— S'y a n'importe que moi je peux faire pour aider, surtout faut voir à me demander.

— Grand merci. »

Il y eut un long silence pesant. Janie ne sautait pas sur l'occasion comme elle aurait dû. Paraissait même qu'elle se rendait à peine compte qu'il était là. Elle avait besoin d'être réveillée.

« Le monde y doivent être bigrement becs-cousus par où c'est que vous venez.

— Certain. Et chuis sûre que c'est pas pareil de par chez vous. »

Il demeura songeur un long moment puis finalement

il avisa les marches et les descendit d'un pas trébuchant en lançant un revêche « arevoir ».

« Au revoir. »

Ce soir-là Coker le questionna.

« Toi je t'ai vu quand t'as filé pour retourner chez Starks. Alors, comment tu t'en es sorti ?

— Qui ? moi ? Me suis même pas approché de l'endroit, maaan. Chuis juste descendu à la rivière pour essayer de me prendre un poisson.

— Mmmpff !

— Cette femme à part de ça l'est même pas si tant terriblement jolie si t'y regardes à deux fois. L'a juste bien fallu comme qui disait que je passe au proche de la maison sur mon retour et c'est là que j'étais capable à la voir correctement. L'a rien de spécial à part de ces longs cheveux qu'elle a.

— Mmmpff !

— Et n'importe comment moi chuis comme pris de sympathie pour cet homme-là. Je voudrais pas lui causer rien de tort. L'est même pas à moitié si tant jolie qu'une autre gal que je me suis sauvé avec pour la laisser là-bas en Carline du Sud.

— Hicks, je pourrais faire ça me mettre en rage et dire que tu fais qu'à mentir si c'était pas que je te connais si bien. Tu parles c'est juste pour te consolater toi-même par les mots de la bouche. T'as un esprit qu'a de la volonté mais t'es trop léger par en arrière. Un plein tas d'hommes y ont vu juste les mêmes choses que toi t'as vues mais y ont plusse de bon sens. Tu devrais savoir ça que tu peux pas aller prendre aucune femme comme elle à aucun homme comme lui. Un homme qui se lève et s'en va acheter deux cents acres de terre d'un coup comme ça et paye ça cash.

— Naaan ! Dis-moi pas qu'y l'a fait pour vrai ?

— Pour vrai qu'y l'a fait. Sorti de là avec tous les papiers dans sa poche. Y a déjà eu convoqué une assemblée demain sur sa véranda. Jamais vu un pareil homme de couleur dans toute ma vie depuis le temps que chuis né. Y va monter un magasin et y va faire venir un bureau de poste du govènement. »

Hicks en fut irrité mais sans trop savoir pourquoi. Il était un mortel des plus ordinaires. Cela l'ennuyait d'avoir dû s'habituer à un monde qui tourne d'une manière et puis soudainement de le voir prendre un tour différent. Il n'était pas encore prêt à s'imaginer des gens de couleur dans des bureaux de poste. Il éclata d'un rire tumultueux.

« Vous tous ici vous laissez ce nègue errant vous raconter n'importe quelle vieille menterie. Un homme de couleur assis dans un bureau de poste ! » Il émit un bruit obscène.

« Y est fort capable à le faire, Hicks. Tout cas moi j'espère bien. Nous autres les gens de couleur on est trop envieux chacun d'entre les autres. C'est ça la raison pourquoi on est pas capables à aller plus loin qu'on fait. On est là on parle de l'homme blanc qui nous écrase bas ! Schocks ! L'homme blanc a pas besoin ! Nous on fait ça très bien soi-même, nous écraser bas.

— Mais qui c'est qu'a dit que je veux pas qu'y nous fait venir un bureau de poste ? Y peut bien se faire le roi de Jérusalem pour tout ce que je me fiche. N'empêche même, ça sert de rien d'aller conter des menteries juste à cause qu'un tas de gens y connaissent rien. Ton bon sens y devrait être en train te dire qu'y a aucun homme blanc qui va lui donner le droit d'aller faire aucun bureau de poste.

— Ça on sait pas, Hicks. Y dit qu'y peut et moi chuis certain qu'y sait de quoi y parle. Me figure que si les gens de couleur y peuvent avoir leur propre ville alors y peuvent avoir leur propre bureau de poste et ainsi de suite tout ce qu'y veulent, sans problème. Puis n'importe comment, je m'attends pas que les blancs loin là-bas ils en aient rien à faire. Y a qu'à attendre pour voir.

— Oh moi j'ai pas de problème à attendre ! Même je compte rester attendre jusqu'à tant que l'enfer y soye pris de gel.

— Aoow, laisse faire ! Ça c'est une femme elle veut pas de toi. Faut que t'apprennes que c'est pas toutes les femmes du monde qui sont venues à grandir dans une distille de terbentine, ou un camp à bûcheronnage. Y a des femmes qui sont juste pas pour tes abords. Elle tu pourras pas jamais l'avoir avec aucun sandwich au poisson. »

Ils parleraillèrent encore un peu avant de se diriger vers la maison de Joe, qu'ils trouvèrent en bras de chemise, campé sur ses deux jambes bien écartées, posant des questions et tirant sur un cigare.

« Où y se trouve le bûcheronnage le plus au proche ? demandait-il à Tony Taylor.

— Peu près sept miles quand c'est qu'on se rend vers Apopka, répondit Tony. Vous avez idée de bâtir sitôt de suite ?

— Eï Dieu oui. Mais pas la maison où je compte demeurer. Ça peut attendre. Faut que je décide d'abord où je veux qu'elle soye. Moi je me figure que nous tous ici on a besoin d'un magasin en grande hâte.

— Un magasin ? s'écria Tony, surpris.

— C'est ça, un magasin juste ici dans la ville avec toutes les choses qu'on a besoin. Ç'a pas un brin d'usage que tout le monde y soyent à se trimbler la route jusqu'à loin comme Maitland pour prendre leur petit peu de semoule à maï et farine à blé quand c'est qu'y pourraient avoir tout ça juste ici.

— Ça serait plutôt du bon, Broda Starks, maintenant que vous dites ça.

— Eï Dieu, ça c'est certain ! Et n'importe comment un magasin c'est bien pour d'autres choses. Moi faut ça que j'aye un endroit pour me tenir quand du monde y vont venir pour acheter de la terre. Et en plusse toutes les choses faut que ça aye un centre et un cœur en-dans, et une ville c'est pas différent du restant. Ça serait de par nature pour le magasin d'être la place où on va se réunir dans la ville.

— Ça c'est la vérité vraie certain.

— Ah, nous cette ville on va toute se la remettre en marche direct. Manquez pas de vous trouver à la réunion demain. »

Le lendemain au moment même où le comité désigné était censé se réunir sur la véranda, la première cargaison de bois se présenta et Jody s'en fut leur indiquer l'endroit où décharger. Et demanda à Janie de retenir le comité jusqu'à son retour, il ne voulait pas les manquer, mais il avait bien l'intention de compter chaque pied-planche de ce bois avant qu'il ne touche terre. Il aurait pu économiser sa salive et Janie aurait pu continuer à s'occuper de ce qui l'occupait. Pour commencer tout le monde arriva en retard ; ensuite ce qui se passa c'est que dès qu'ils surent où Jody était, ils tracèrent leur chemin pour aller se poster directement là où le bois neuf se déchargeait à grand fracas avant d'être entassé au pied du grand chêne vert. C'est donc là que la réunion eut lieu, avec Tony Taylor qui présidait et Jody qui prenait en charge toute la parlure. On décida d'un jour pour les routes et tout le monde s'entendit pour apporter des haches et autres outils du genre afin d'ouvrir deux routes, une dans chaque direction. Ça concernait tout le monde sauf Tony et Coker. Eux savaient charpenter, alors Jody les embaucha pour travailler à bâtir son magasin de clair et bon matin le lendemain. Jody de son côté serait bien occupé à sillonner la région de ville en ville pour parler d'Eatonville aux gens et rameuter les citoyens pour qu'ils viennent s'y installer.

Janie fut époustouflée de voir que la somme dépensée par Jody pour les terrains lui revenait si vite. En l'espace de six semaines six nouvelles familles avaient acheté des parcelles et emménagé dans la ville. Tout ça lui semblait si grand et précipité qu'elle peinait à suivre. Avant même que le magasin ne fût doté d'un toit, Jody avait fait empiler des boîtes de conserve sur le plancher et vendait tant et tant qu'il n'avait même plus le temps de partir en tournée de conférences. Le jour où le magasin fut tout à fait achevé elle eut un avant-goût de ce que cela serait d'y présider. Jody lui demanda de se faire pimpante pour aller se tenir toute la soirée dans le magasin. Les gens arriveraient tous plus ou moins fignolés, et lui ne voulait qu'aucune femme d'un autre puisse rivaliser avec elle. Elle devait se voir comme la vache à cloche au milieu du troupeau des autres femmes. Alors elle passa l'une de ses robes nouvellement achetées et tout de rouge lie-de-vin parée elle s'engagea sur la route fraîchement ouverte. Ses ruchés de soie froufroutaient et susurraient autour d'elle. Les autres femmes étaient en percale et calicot avec de-ci de-là un foulard pour les anciennes. Personne n'allait acheter quoi que ce soit ce soir-là. Ils n'étaient pas venus pour ça. Ils étaient venus pour souhaiter la bonne arrivée. C'est alors que Joe mit un grand coup dans le couvercle d'un baril de biscuits et coupa du fromage.

« Tout le monde ici venez donc faire la fête. Eï Dieu, c'est moi qui régale ! » Joe partit dans un de ses gros rires hêh hêh hêh puis se mit en retrait. Janie tirait la limonade comme il lui avait demandé. Une grande timballe pleine pour chacun. Tony Taylor se sentit si bien une fois que tout avait été sifflé qu'il eut le goût de leur faire un discours.

« Mesdames et messieurs, on est tous venus s'assembler ici pour souhaiter la bonne arrivée à un certain qu'a jugé bon de se joindre parmi nous autres. Et y est pas venu tout seul en plusse de ça. Y a jugé bon d'amener avec lui sa, euh, euh, la lumière de son foyer, que c'est sa dame ici présente aussi. Pouvait pas être plus belle à voir et plus majestale que si elle soye la reine d'Angleterre. C'est une joie pour elle de se tenir ici avec nous. Broda Starks, on vous souhaite la bonne arrivée vous et tout ça que vous avez jugé bon d'amener avec vous parmi nous – votre bien-aimée femme, votre magasin, vos terres… »

Un éclat de rire à grande bouche le coupa court.

« Ça ira de même, Tony, vociféra Lige Moss. Miste Starks c'est un homme qu'a du bon sens, nous tous ici on veut bien reconnaître ça, mais le jour qu'y va s'envenir tout frintillant là-bas sur la route avec ses deux cents acres de terre dessus ses épaules, moi certain que cherais là pour voir. »

Une autre grande déflagration de rires. Tony était un peu en rogne de voir le seul grand discours de sa vie se faire gâter de la sorte.

« Ah mais ah bah vous autres ici même vous savez tous la vraie chose qu'y a dans mon idée. Donc je vois pas pourquoi…

— Pasque tu sautes sur tes pieds pour faire des discours que tu sais même pas comment, dit Lige.

— Moi j'étais en train de parler juste comme y faut avant que tu fiches ton bec en-dans.

— Naaan, Tony. Ça fait un looong boutte que t'as

passé outre de ta jurdiction. Tu peux pas souhaiter la bonne arrivée à un certain homme et sa dame et juste pas faire de comparaison avec Isaac et Rebecca au puits, sans ça ça montre pas l'amour qu'y a entre les deux. »

Tout le monde s'accorda à dire que cela, c'était juste. C'était tout de même pitié que Tony ne sache pas qu'il ne pouvait pas se lancer dans un discours sans dire cela. Certains ricanèrent de son ignorance. Alors Tony irrité déclara : « Si tous ceux-là qui veulent faire leurs macaqueries y auront bientôt fini pour vrai terminé, alors on va dire merci à Broda Starks qu'y nous présente sa réponse maintenant. »

Joe Starks et son cigare prirent le centre de la parole.

« Fait que là je m'en vais vous remercier tous pour votre accueil bien amicable et pour me tendre la main droite de votre compagnie. Moi je vois ça que cette ville elle est remplie de concorde et d'amour. J'ai bien en intention de mettre ma main à la charrue ici, et tirer chaque nerf pour que cette ville à nous elle soye la métropole de l'État. Donc alors peutête je devrais faire ça, vous dire au cas où vous sachez pas, que si c'est qu'on compte aller de l'avant, nous-mêmes faut qu'on se mette en société comme les autres villes. Faut qu'on se mette en société, et faut qu'on se prenne un maire à nous-mêmes, si c'est que les choses elles doivent être faites comme y faut. Et moi au nom de moi-même et au nom de ma femme je vous souhaite à tous la bienvenue dans ce magasin ici et dans toutes les choses qui s'en viennent encore. Amen. »

Tony orchestra la bruyante salve d'applaudissements et se retrouva à occuper le centre de la parole lorsque le silence se fit.

« Frères et sœurs, au vu qu'on pourra pas jamais compter que notre choix y soye mieux que ça, moi je propose qu'on fait de Broda Starks notre maire jusqu'à tant qu'on y voye plus loin.

— J'approuve la proposition !!! » Il y eut tout le monde à parlementer en même temps, si bien qu'il s'avéra inutile de la soumettre au vote.

« Et maintenant on va entendre un brin de paroles d'encouragement de Missiz Maire Starks. »

Le déferlement d'applaudissements fut écourté par Joe lui-même qui reprit la parole.

« Merci pour votre compliment, mais moi ma femme elle sait pas rien de comment faire un discours. Et je l'ai pas mariée pour rien de la sorte. Elle c'est une femme et sa place est au foyer. »

Janie se composa un visage à rire après un instant d'arrêt, mais ce ne fut pas chose aisée. Elle n'avait jamais songé à faire de discours, et ne savait pas plus si elle avait envie d'en faire ou non. Sans doute était-ce la façon dont Joe s'était mis à parler sans lui laisser la moindre possibilité de s'exprimer d'un bord ou de l'autre, toujours est-il que c'est là que la floraison des choses se dissipa. Néanmoins sur la route cette nuit-là elle lui emboîta le pas, et sentit le froid la gagner. Lui avançait à grandes enjambées, investi de sa nouvelle dignité, réfléchissant et planifiant à voix haute, insoucieux de ses pensées à elle.

« Un maire d'une pareille ville ça se peut pas qu'y reste à traînasser de trop à la maison. La place elle a besoin d'être bâtie. Janie, je vais faire ça nous trouver un quelqu'un pour aider au magasin comme ça toi tu peux t'occuper des choses ici durant le temps que je rameute ailleurs.

— Oh, Jody, moi je peux pas rien faire avec aucun magasin si t'y es pas. Je peux me tenir là pour t'aider quand c'est que les choses elles vont se prendre d'empressement, mais…

— Eï Dieu, moi je vois pas de raison pourquoi tu peux pas. Y a rien qui peut t'entraver si t'as juste un plein dé de bon sens. Tu dois le faire. Moi j'ai encore plein mes mains d'autres choses comme maire. C'est une ville ici par exemple elle a besoin de lumière.

— Hm-hmmm, c'est vrai que c'est un peu ennuité au long d'ici.

— Certain. Ça sert de rien d'aller traper ses pieds dans toutes ces souches et racines la nuit. Je m'en vais convoquer une réunion sur les racines et la nuit sitôt de suite. Je m'en vais m'asseoir sur cette affaire en première place. »

Dès le lendemain il envoya chercher chez Sears, Roebuck & Company un réverbère qu'il paya de ses deniers et il demanda à la ville de se rassembler tout entière au soir du jeudi suivant afin de procéder au vote sur la question. Nul n'avait jamais songé à un quelconque réverbère et certains allèrent jusqu'à dire que c'était une idée sans utilité. Ceux-là poussèrent jusqu'à voter contre, mais la majorité l'emporta.

Pourtant toute la ville en tira vanité une fois qu'il fut là. C'est que Mister Maire ne s'était pas contenté de le sortir de sa caisse pour le percher en haut d'un poteau. Il l'avait déballé et soigneusement essuyé et mis à l'étalage une semaine durant pour que tous le voient. Puis il avait décidé de l'heure à laquelle il serait allumé et avait fait dire à travers l'ensemble du comté d'Orange que tout un chacun se devait de venir assister à l'allumage du réverbère. Il envoya des hommes couper dans les marécages le tronc de cyprès le plus beau et le plus droit qu'ils pussent trouver, et il les envoya en chercher d'autres encore et encore jusqu'à ce qu'ils eussent trouvé celui qui allait lui convenir. Il avait déjà parlé à tous du sens de l'hospitalité que requérait l'événement.

« Vous tous ici vous savez qu'on peut pas convier des

gens dans notre ville à sec sans rien de même. Eï Dieu naaan, on peut pas. Faut ça qu'on leur donne de quoi se rassasier, et y a pas rien que le monde aime mieux qu'un barbecue. Moi-même je m'en vais donner tout un cochon entier. Ça m'a l'air qu'à tous ensemble avec le reste d'entre vous autres y aurait moyen à en gratter deux de plusse. Dites voir à vos femmes de se mettre à pâtisser tourtes et gâteaux et pains de patate douce. »

Et donc c'est ainsi qu'il en fut. Les femmes entreprirent d'amasser les douceurs et les hommes s'occupèrent des viandes. Le jour d'avant l'allumage, ils creusèrent un grand trou derrière le magasin et le remplirent de fagots de chêne qu'ils firent brûler jusqu'à ce qu'il n'en reste qu'un lit de braises rougeoyantes. Il leur fallut toute la nuit pour faire cuire au barbecue les trois cochons. Hambo et Pearson en avaient l'entière responsabilité, quant aux autres ils aidaient à retourner la viande de temps en temps tandis que Hambo la badigeonnait de sauce. Entre deux temps ils se contaient des histoires, et riaient et se contaient encore des histoires et chantaient des chansons. Ils échangeaient toutes sortes de facéties et humaient la viande qui lentement cuisait à la perfection en s'imprégnant jusqu'à l'os de son assaisonnement. Les plus jeunes furent chargés d'arranger ensemble des chevalets de sciage surmontés de planches afin que les femmes s'en servent de tables. Et bientôt l'on fut rendu après soleil levé, et tous ceux dont on n'avait plus besoin rentrèrent chez eux prendre du repos avant la fête.

À cinq heures de l'après-midi déjà la ville était pleine de véhicules en tous genres et bourdonnante de monde. Chacun voulait voir ce réverbère qui allait s'allumer au crépuscule. L'heure venant, Joe fit rassembler tout le monde dans la rue devant le magasin et fit un discours.

« Les amis, le soleil descend. Le Créateur du soleil y

le fait monter à matin, et le Créateur du soleil y l'envoie se coucher à soir. Nous autres pauvres humains de rien on peut pas faire aucune chose pour le faire se hâter ou lentir. Seule chose qu'on peut faire, si c'est qu'on veut de la lumière passé couchant ou avant levé, c'est juste de l'inventer par nous-mêmes. Donc alors c'est pourquoi les lanternes elles sont inventées. Ce soir, on s'est tous assemblés ici pour allumer une lumière. Ce moment maintenant c'est une chose qu'on va tout un chacun se souvenir jusqu'au temps où ça sera le jour de mourir. Le premier réverbère dans une ville de gens de couleur. Levez les yeux et regardez. Et quand c'est que je vais toucher la mèche de lanterne avec l'allumette-ci, laissez aller la lumière en-dans de vous, et laissez briller, laissez briller, laissez briller. Broda Davis, menez-nous dans une parole de prière. Demandez pour la ville spécialement ici les grâces du Seigneur. »

Et tandis que Davis entonnait avec des variations bien à lui le chant d'une prière traditionnelle en vers, Joe monta sur le coffre qui avait été disposé à cet effet sur les lieux et entreprit d'ouvrir les réflecteurs de métal cuivré du réverbère. À l'instant où fut prononcé le mot Amen, il posa sur la mèche l'allumette embrasée, et le contralto de Mrs. Bogle déferla :

We'll walk in de light, de beautiful light
Come where de dew drops of mercy shine bright
Shine all around us by day and by night
Jesus, the light of the world.

Tous, tout le monde, toute l'assemblée reprit en chœur ce chant et le chanta encore et encore jusqu'à l'essorer tordu, et ne plus pouvoir l'ornementer d'aucune autre innovation tonale ou rythmique. Puis ils firent silence et mangèrent barbecue.

Après que tout se fut achevé cette nuit-là dans leur lit Jody demanda à Janie : « Alors, chère, comment ça te plaît d'être Missiz Maire Starks ?

— C'est pas si tant pire, me figure, mais tu crois pas que ça nous tient un peu d'astreinte ?

— D'astreinte ? Tu veux dire de cuisiner et servir le monde ?

— Naaan, Jody, c'est juste que ç'a l'air que ça nous tient d'une manière qu'est pas naturelle entre moi et toi. Toi t'es toujours parti en train de parlementer et régler des affaires et moi je me sens comme si chuis là pour compter le temps. J'espère ça que bientôt ça va finir.

— Finir, Janie ? Eï Dieu, mais j'ai même pas encore commencé pour vrai. T'ai bien espliqué du commencement que moi je vise de faire entendre ma voix grand. Faudrait mieux ça que tu soyes réjouie, pasque c'est ça qui s'en va faire une grande dame de toi. »

Une sensation d'effroi glacé s'empara d'elle. Elle se sentit loin des choses et très esseulée.

L'impact de la fascination et de la jalousie ne tarda pas à se faire ressentir sur la sensibilité de Janie. La femme du maire contrairement à ce qu'elle s'était laissée penser n'était pas une femme comme une autre. Elle dormait auprès de l'autorité et de ce fait elle y prenait part dans l'opinion des gens de la ville. Rien en esprit ne parvenait à la rapprocher un tant soit peu de la plupart d'entre eux. Cela était devenu particulièrement manifeste après que Joe les avait contraints de creuser une rigole pour drainer la rue devant le magasin. Il y avait eu des murmures véhéments à propos de l'esclavage censément fini, mais chacun s'était acquitté de la tâche qui lui était assignée.

Il y avait quelque chose chez Joe Starks qui intimidait la ville. Ce n'était pas tant son physique. Il n'était pas prompt à user de ses poings. Sa stature même n'était pas si impressionnante pour un homme. Ce n'était pas non plus le fait qu'il fût plus instruit que les autres. Quelque chose en lui forçait les hommes à lui céder le pas. Il avait au visage un air de commandement qui leur imposait de baisser la tête, et chacune de ses foulées rendait la chose plus tangible encore.

Prenez par exemple cette maison neuve qu'il s'était bâtie. Elle avait deux étages, avec des vérandas, des rampes d'escalier, et ainsi de suite. Le reste de la ville à côté avait l'allure de cabanages à serviteurs autour de la « grande maison ». Et à la différence de tous les autres il avait décrété qu'il n'y emménagerait pas tant que la demeure n'aurait pas été entièrement peinte, dedans comme dehors. Et la peinture parlons-en, un blanc exultant, étincelant. Le genre de blanc de promenade qu'on voit sur les maisons des Bishop Whipple, des W. B. Jackson, des Vanderpool. Au reste de la ville ça leur faisait drôle, lui parler comme ça comme si c'était n'importe qui. Et puis il y avait eu l'affaire des crachoirs. À peine s'était-il installé comme Maire – Receveur des postes – Propriétaire terrien – Commerçant – qu'il fit l'acquisition d'un bureau exactement comme ceux de Mr. Hill et Mr. Galloway là-bas à Maitland, avec le fauteuil pivotant qui va avec. Et comme ça de le voir mordre dans ses cigares et jamais gaspiller sa salive en parlotte et tournailler dans son fauteuil, les gens se sentaient tout diminués. Et puis il crachait dans ce vase doré que n'importe qui d'autre aurait été bien content de mettre sur sa table de salon. Disait que c'était un crachoir tout comme celui que son boss-man d'avant gardait dans son bureau de banque là-haut à Atlanta. Pas besoin de se lever pour aller jusqu'à la porte toutes les fois qu'il avait à cracher. Ni d'ailleurs de cracher sur son plancher. Vu qu'il avait ce crachoir tout doré juste à portée de main. Mais il alla plus loin encore. Il acheta un petit crachoir de dame pour Janie. L'exposa dans le petit salon avec tous ses petits brins de fleurs peints autour. Les gens ça les avait pris de court. La plupart des femmes prisaient et bien sûr elles avaient toutes un godet à cracher chez elles. Mais comment pouvait-on savoir que les ceux et celles qui étaient à la dernière mode ça crachait dans des petites choses fleuries comme ça ? Les gens avaient comme qui disait le sentiment qu'on était en train de profiter d'eux. Comme si on leur avait caché des choses. Peut-être qu'en dehors de cette histoire de crachoirs il y avait bien d'autres choses du monde qu'on leur dissimulait, vu que pendant tout ce temps on leur avait rien dit de mieux que de cracher dans des boîtes à tomate. C'était déjà bien assez pénible avec les blancs, mais quand c'était un de sa propre couleur qui agissait si différemment de soi c'était vraiment à se demander. Comme voir sa propre sœur se transformer en alligator. Une étrangeté familière. On peut plus s'empêcher de voir sa sœur dans l'alligator et l'alligator dans sa sœur, et on aimerait mieux pas.

Il ne faisait aucun doute que la ville le respectait et même d'une certaine façon l'admirait. Mais tout homme s'acheminant vers le pouvoir et la propriété doit s'attendre à rencontrer la haine. Et quand, l'occasion le requérant, un discoureur se levait pour dire, « Notre bien-aimé Maire », c'était bien entendu l'une de ces choses que tout le monde dit sans que personne y croie comme « Dieu est partout ». Juste une manivelle pour se remonter la langue. À mesure que s'écoulait le temps et que les avantages qu'il avait procurés à la ville s'évanouissaient dans ce même temps, ils prirent l'habitude de s'asseoir sur la véranda de son magasin pendant qu'il était occupé à l'intérieur, pour discuter de lui. Comme ce lendemain du jour où il avait surpris Henry Pitts embarquant tout un chargement de ses cannes rubanées et qu'il avait repris ses cannes et l'avait chassé de la ville. Il en était qui pensaient que Starks n'aurait pas dû faire cela. Il en avait déjà tellement, de la canne à sucre et du reste. Mais ils ne le dirent pas tant que Joe Starks se trouvait sur la véranda avec eux. Sitôt que le courrier arriva de Maitland et qu'il rentra pour l'éplucher, tout le monde y alla de son dire.

Sim Jones se lança le premier dès qu'il fut certain que Starks ne pourrait pas l'entendre.

« C'est péché honteux faire décamper ce pauvre bougue loin de chez soi ici de la sorte. Les gens de couleur faudrait pas ça qu'y soyent si tant durs chacun aux autres.

— Moi chuis aucunement pas de cette vue, coupa sèchement Sam Watson. Y a qu'à laisser les gens de couleur travailler tant qu'y faut pour tant qu'y veulent avoir, pareil comme le reste du monde. Personne a jamais empêché Pitts de planter toute la canne qu'y veut. Starks y lui a donné de la djob, y veut quoi de plusse ?

— Ça je sais bien, dit Jones, mais tu vois, Sam, Joe Starks y est par trop raide avec les gens. Toutes les choses qu'y possède y les a ramassées dessus notre dos à nous ici même. Lui l'avait rien de toutes ces choses avant, quand c'est qu'y s'est pointé ici.

— Ouais, mais y a rien de tout ça que tu vois et que t'es assis dessus présentement qu'était là avant non plus, quand c'est qu'y s'est pointé. Faut rendre au diabe son dû.

— M'enfin, Sam, à part de ça tu sais bien qu'y fait rien que se promener avec sa panse au-devant pour aller dire aux gens quoi faire. Il aime ça que le monde y soyent tous bien obéissants juste à entendre sa voix.

— Tu peux sentir comme si l'avait un fouet dans sa main quand y parle avec toi, maugréa Oscar Scott. L'affaire de châtiment qu'y se coltine de même ça me donne comme qui disait un protolapsus de ma doublure cutanaire.

— C'est un tourbillon parmi la brise, se risqua Jeff Bruce.

— À propos qu'on parle de brise, c'est lui le vent et nous les ptites herbes. On plie de tous les bords qu'y veut bien souffler, admit Sam Watson, mais le certain c'est qu'on a besoin de lui. La ville ici ça serait rien si c'était pas à cause de lui. Faire le boss-man y peut pas s'empêcher en-dans. Y a des gens qu'ont besoin d'un trône et d'une chaise de commandement et d'une couronne pour faire sentir leur influence aux autres. Lui pas. Y a déjà un trône dans son fond de culotte.

— La chose que j'aime pas chez lui tu vois, ronchonna Hicks, c'est quand y parle avec ceux-là qu'ont pas de lettres, lui tu dirais qu'y a des livres dans ses joues. À nous faire voir toutes les choses qu'y sait. Vous pouvez pas croire juste à me voir mais moi j'ai un frère qui fait pasteur là-haut aux entours d'Ocala et qui sait tout un tas de choses de bien. Si mon frère était ici, c'est pas jamais Joe Starks qui va le prendre pour le niaiser comme y fait avec le reste d'entre vous tous ici.

— Moi souvent chuis à me demander comment ça se trouve que sa tite madame elle se débrouille de lui, pasque lui c'est un homme qu'y fait qu'à changer toutes les choses, sauf qu'y a rien qui peut le changer lui.

— Tu sais, y a bien beaucoup de fois où moi-même j'ai eu pensé ça. Y lui fait misère à quèques fois si elle fait des erreurs de rien au magasin.

— Comment ça se trouve qu'elle garde sa tête serrée dans son foulard au magasin comme une vieille ? Moi y a pas personne qui pourrait jamais me forcer à me serrer la tête dans un chiffon si c'était que j'avais des cheveux de la sorte.

— Peutête c'est lui qui l'oblige. Peutête ça lui fait peur que le reste d'entre nous les hommes on serait capables à les toucher quand on se rend au magasin. Certain que ça pour moi c'est un secret mystère.

— Certain aussi qu'elle s'esprime pas de trop. La manière qu'y se cabre et qu'y l'éreinte et la pointille dans le magasin sitôt qu'elle fait une erreur c'est comme qui disait du mécréantisme, mais ç'a pas l'air que ça la dérange. Me figure qu'y doivent avoir leur propre compréhension chacun d'entre lui et elle. »

La ville entière trimballait un plein panier de sentiments bons et mauvais concernant les prises de position et de possession de Joe, mais nul n'avait la témérité de le défier. Ils étaient plutôt à s'incliner devant lui, du fait même qu'il était tout cela, or s'il était tout cela c'était bien parce que la ville entière s'inclinait.

6.

Tous les matins le monde faisait la volte pour présenter la ville au soleil. Ainsi Janie accueillait un jour de plus. Et tous les jours le magasin était là, sauf le dimanche. Ce magasin en soi eût été un endroit agréable, si elle n'avait eu à y vendre des choses. Quand les gens s'asseyaient en cercle sur la véranda et se faisaient passer les dessins de leurs pensées pour que les autres puissent voir et contempler, c'était plaisant. Et que ces dessins de pensées fussent toujours des agrandissements au crayon de la vie rendait la chose d'autant plus agréable à écouter.

Prenez par exemple la question du mulet jaune de Matt Bonner. Ils en faisaient un sujet de conversation chaque jour que le Seigneur leur accordait. Et tout particulièrement lorsque Matt lui-même était là pour écouter. Sam et Lige et Walter étaient les meneurs de ces cercles de raconteries sur le mulet. Les autres y jetaient un peu tout ce qui les traversait, mais on eût dit que Sam et Lige et Walter en entendaient et en voyaient plus à propos de ce mulet que tout le comté réuni. Il leur suffisait de voir s'avancer vers eux du bout de la rue la longue silhouette efflanquée de Matt, et le temps qu'il parvînt au pied de la véranda ils se tenaient déjà prêts pour lui.

« Salut, Matt.

— Soir, Sam.

— Bigrement réjoui de te voir passer aux entours. Moi et quèques autres on s'en allait juste à partir te trouver.

— Pourquoi ça, Sam ?

— Bigrement sérieuse affaire, maaan. Sérieuse !

— Ouais, maaan, intervenait alors Lige d'un air éprouvé. Faut ta stricte attention dans l'affaire. Faut pas ça que tu perdes aucun temps.

— Et c'est quoi alors ? Faudrait mieux ça vous hâter pour me dire !

— Me figure qu'y vaut mieux pas qu'on te dise ça ici au magasin. C'est trop, ça aurait pas d'allure. On ferait mieux à descendre tous ensemble jusqu'au lac Sabelia.

— C'est quoi qui file pas, maaan ? Chuis pas d'humeur à courir après vos blagueries présentement.

— C'est ce mulet que t'as, Matt. T'as mieux fait d'aller voir. Y est mal pris.

— Où ça ? Y s'est pris à barboter au lac et un alligator l'a trapé ?

— Pirement que ça. C'est les femmes ensemble qu'ont pris ton mulet. Fait que moi quand chuis arrivé au lac peu près au proche de midi ma femme et quèques autres elles avaient déjà plati ton mulet par terre pour prendre ses côtes comme planche à laver. »

Le grand éclat de rire qu'ils avaient retenu tout ce temps déferla. Sam pendant ce temps ne décoche pas un sourire.

« Ouais, Matt, ton mulet y est si tant sec que les femmes elles sont à prendre ses côtes comme planche à frotter et leurs linges y sont à sécher à ses jarrets. »

Matt se rend compte qu'une fois de plus ils l'ont bien eu et les rires le mettent en rage et quand il est en rage il se met à bégayer.

« T-t-t-t'es rien qu'une menterie p-p-p-puante, Sam, et tes deux pieds y marchent même pas ensemble. T-t-t-toi là !

— Aoow, maaan, ça sert de rien de se mettre en rage.

Tu sais bien que tu le nourris pas ce mulet. Comment tu veux qui vienne à engraisser ?

— J-j-j-je le nourris certain ! Lui d-d-d-donne une pleine tasse de maï à chaque ration.

— Lige y sait tout sur ta tasse à maï. Y s'est caché derrière ta grange et y t'a bien regardé à l'ouvrage. C'est pas une tasse à ration que tu mesures ton maï avec. C'est une tasse à thé.

— Je le nourris certain. Y est juste trop méchant pour engraisser. S'y reste décarné rabougri de même c'est juste par mauvaiseté. Y a trop peur qu'y faut aller besogner.

— Ouais, tu le nourris. Avec des « amène-toi » que t'assaisonnes au fouet.

— Nourri certain, le bonrien d'ostiné de brèle ! N'importe comment y a pas moyen qu'on s'accommode ensemble. Y va lutter pouce à pouce au-devant de la charrue, et même qu'y couche ses oreilles pour se rebiffer et mordre quand chuis rendu à la stalle pour le nourrir.

— Laisse faire, Matt, tempéra Lige, nous tous ici on sait bien comme y est méchant. Moi j'ai vu ça quand c'est qu'y s'en est pris à un tizenfant aux Roberts sur la rue et qu'y s'en allait pour le cointer et peutête même pour le trapigner à mort si c'était pas que le vent y aurait soudainement changé de direction. Si t'aurais vu le gaminaud qu'essayait d'atteindre la barrière du carré d'oignons de Starks et le mulet qui filait à ses trousses et gagnait sur lui à chaque bond, puis tout à trac le vent y vire et y bourrasque le mulet loin de bord, lui qu'est si tant rabougri, et avant ça que ce bonrien d'ostiné de brèle le cloue en place le gaminaud avait déjà eu passé dessus la barrière. »

La véranda partit à rire et Matt en rage une fois de plus.

« Peutête si le mulet y s'en prend à tout le monde, dit Sam, c'est à cause qu'y se figure que tout le monde c'est comme Matt Bonner qui s'en vient le faire besogner sur sa panse creuse…

— Aoow naaan… aoow naaan… Arrête ça de suite, objecta Walter. Ce mulet y peut pas sérieusement se figurer que moi chuis aucunement Matt Bonner. Y est pas si bête. Si moi je le saurais pas plein de bon sens je m'en allerais faire tirer mon portrait et lui donner pour qu'y puisse apprendre. Je vais pas jamais le laisser croire une pareille chose sur moi. »

Matt tenta laborieusement de rétorquer mais comme sa langue le trahissait encore il sauta au bas de la véranda et s'en alla rageant comme jamais. Mais cela ne mit aucunement fin aux raconteries sur le mulet. Il y aurait encore d'autres récits sur la maigreur de la bête ; son âge ; son tempérament exécrable et ses dernières facéties. Tout le monde y allait de ses raconteries sur le mulet. Il voisinait le maire en prédilection, mais les parleries sur lui étaient encore meilleures.

Janie aimait ces conversations, et il lui arrivait d'inventer de bonnes histoires sur le mulet, mais Joe lui avait défendu cet amusement. Il refusait qu'elle parle à la suite de ces raclures de gens de rien. « Toi t'es Missiz Maire Starks, Janie. Eï Dieu, moi je vois pas quelle femme de ton assise voudrait prendre à cœur toute cette crasse de bouche qui sort de ces gens qui possèdent même pas la place où y dorment. Ç'a pas d'usage terrestre. Sont juste rien que des piètres humains à jouer entre les orteils du Temps. »

Janie notait cependant que même s'il ne prenait jamais part aux raconteries sur le mulet, Jody restait assis à en rire. À en rire de son gros rire hêh hêh hêh. Mais si jamais Lige ou Sam ou Walter ou l'un ou l'autre de ces raconteurs à grandes images se mettait à prendre pour canevas certain aspect du monde, alors Joe la poussait vers l'intérieur du magasin pour qu'elle aille s'affairer à une vente. Et il avait l'air d'y prendre malin plaisir. Pourquoi ne s'y collait-il pas lui-même de temps en temps ? Elle en était venue à détester ce magasin et son contenu. Même le bureau de poste. Ces gens qui passaient leur temps à venir réclamer leur courrier au mauvais moment. Précisément quand elle essayait de terminer un calcul ou de passer une écriture dans le livre de comptes. Tellement ça la hérissait qu'elle se trompait en rendant la monnaie pour les timbres. Et puis aussi, elle n'arrivait pas à lire toutes les écritures des gens. Certains avaient vraiment de drôles de façons et n'orthographiaient pas les choses comme elle aurait pu le penser. D'ordinaire, Joe distribuait lui-même le courrier, mais parfois quand il était absent c'était à elle de s'en occuper et au bout du compte ça faisait toujours des embrouilleries.

Le magasin était pour elle source de migraines. La corvée de descendre des marchandises d'une étagère ou de les extraire d'un tonneau n'était rien. Et tant que les gens ne réclamaient qu'une boîte de tomate ou une livre de riz tout allait bien. Mais allez savoir s'ils n'iraient pas demander une livre et demie de lard et une demi-livre de saindoux ? Cela changeait toute l'opération qui de quelques pas suivis d'un étirement se transformait en un dilemme mathématique. Ou mettons que le fromage coûtait trente-sept cents la livre et quelqu'un venait en demander pour dix cents. Elle traversait ainsi de nombreuses rébellions silencieuses. Quel gaspillage de vie et de temps. Mais Joe ne cessait de lui répéter qu'elle était capable de le faire si elle le voulait, et lui voulait qu'elle use de ses privilèges. Tel était l'écueil contre lequel elle butait.

Cette affaire de foulard l'exaspérait infiniment. Mais Jody n'en démordait pas. Elle ne montrerait pas une seule mèche de ses cheveux au magasin. Cela paraissait tout à fait déraisonnable. C'est que Joe n'avait jamais révélé à Janie à quel point il était jaloux. Il ne lui avait jamais dit le nombre de fois où il avait vu au magasin les autres hommes se vautrer métaphoriquement dans sa chevelure tandis qu'elle vaquait à ses occupations. Et un soir il avait entraperçu Walter juste derrière Janie passant et repassant le dos de sa main sur la mèche libre au bout de sa natte d'un geste si effleurant qu'il pouvait en goûter tout le délice sans que Janie jamais s'en rende compte. Joe se trouvait dans l'arrière-boutique à l'abri du regard de Walter. Il avait eu envie de se précipiter avec le couteau à viande pour trancher la main outrageuse. Cette nuit-là il ordonna à Janie de se couvrir la tête quand elle était au magasin. Et ce fut tout. Si elle était dans le magasin c'était pour que lui seul la regarde, pas les autres. Mais ce genre de choses il ne le disait pas. Ce n'était tout simplement pas dans sa nature. Prenez l'affaire du mulet jaune, par exemple.

Tard un après-midi Matt était arrivé des abords ouest avec un licol à la main. « Chuis en quête de mon mulet. Y a pas un quelqu'un ici qui l'a vu ?

— Je l'ai eu vu à matin là-bas au derrière de l'école, répondit Lum. Peu près vers les dix heures ou quèque chose. Y a dû rester dehors la nuit longue, vu la manière qu'y s'est trouvé loin là-bas si tôt.

— Y a dû, répondit Matt. Au soir passé moi je l'ai vu mais j'ai pas jamais pu le traper. Chuis forcé de le faire rentrer à soir vu que j'ai du labour à besogner à matin. Promis d'aller labourer le boqueteau à Thompson.

— Tu crois ça que tu vas arriver à lui faire ouvrer la djob avec sa pauvre vieille carcasse de mulet ? demanda Lige.

— Aoow, ce mulet-là y est costaud tout plein. Juste

qu'y est mauvais et qu'y veut pas être mené.

— Vrai certain. Y en a y m'ont dit que c'est lui-même qui t'a mené pour venir ici dans cette ville. Disent que toi tu t'en allais à Miccanopy mais le mulet y avait plusse que ça de bon sens et y t'a conduit direct ici.

— Que des m-m-m-menteries ! C'est moi-même que je voulais v-v-v-venir ici quand c'est que chuis p-p-p-parti de l'Ouest de Floride.

— Tu veux dire que t'as eu monté ce mulet-là depuis l'Ouest de Floride jusqu'ici même ?

— Certain qu'y l'a fait. Sauf que c'était pas dans son idée. Lui Matt y était content d'être là-haut, mais l'autre le mulet y était pas. Alors un matin son mulet l'a fourché et l'a conduit jusqu'ici même. Y a du bon sens dans ce mulet-là. Le monde par là-haut c'est juste une fois à semaine qu'y mangent du biscuit de pain. »

Il y avait toujours un peu de vrai derrière ces taquineries qu'ils envoyaient à Matt, si bien que lorsqu'il prenait la mouche et leur tournait les talons nul ne s'en souciait guère. On savait qu'il achetait sa poitrine fumée à la tranche. Qu'il rapportait chez lui des petits sacs de semoule de maïs et de farine de blé pas plus grands que sa main. Ça ne semblait pas lui poser problème du moment que ça ne lui coûtait rien.

Environ une demi-heure après le départ de Matt ils entendirent le mulet braire à l'orée du bois. Il n'allait pas tarder à passer devant le magasin.

« Si on allait traper le mulet à Matt pour lui et prendre un peu de bon temps avec ?

— Voyons donc, Lum, tu sais bien que ce mulet-là y va jamais se laisser prendre. Si t'allais nous faire voir ça comme toi tu fais ? »

Lorsque le mulet arriva à hauteur du magasin, Lum descendit l'agripper. L'animal donna un coup de tête, coucha les oreilles et se jeta à l'attaque. Lum dut battre en retraite. Cinq ou six hommes descendirent à leur tour de la véranda pour encercler le mulet réfractaire, enfonçant leurs doigts dans ses côtes pour le mettre hors de lui. Mais il lui restait plus de cran que de corps. Bientôt il fut haletant, soulevant péniblement sa poitrine dans l'effort qu'il avait à déployer pour faire tournoyer sa vieille carcasse. Tout le monde s'amusait à voir le mulet se faire turlupiner. Tous sauf Janie.

Elle se détourna brusquement de ce spectacle et se mit à marmotter. « Devraient tous prendre honte ! Asticoter la pauvre bête comme y font ! Déjà qu'y a eu besogné à mort ; déjà qu'y s'est fait ruiner le tempérament par méchants traitements, et maintenant faut encore qu'y soyent à l'harceler jusqu'à tant qu'y croule mort. Voudrais bien ça leur faire voir ma façon des choses à eux autres. »

Elle quitta la véranda pour se trouver quelque chose à faire dans l'arrière-boutique, si bien qu'elle n'entendit pas que Jody s'était arrêté de rire. Elle ne savait pas qu'il l'avait entendue elle, mais elle l'entendit qui hurlait, « Lum, eï Dieu ! Assez maintenant ! Tout le monde a pris tout l'amusement qu'y avait à prendre ici. Cessez vos niaiseries et allez dire à Matt Bonner que moi je veux ça lui parler sitôt de suite. »

Janie revint sur la véranda et s'assit. Elle ne dit rien et Joe non plus. Un moment s'écoula, puis il regarda ses pieds et dit, « Janie, me figure que ça serait bien que t'alles me trouver mes vieilles guêtres noires. Ces souliers bruns-ci me mettent les pieds en feu. Y a plein de place en-dans, mais y me font misère tout pareil. »

Elle se leva sans mot dire et s'en fut chercher les chaussures. Une petite guerre défensive pour les choses sans défense se livrait en elle. Les gens devraient avoir un peu d'égard pour les choses sans défense. Elle aurait voulu se battre pour ça. « Mais moi la discorde et la confusion j'haïs ça. Alors vaut mieux pas que je parle. Sans ça c'est pas facile de bien s'accommoder ensemble avec le monde. » Elle ne se pressa pas de revenir. Farfouilla tout le temps nécessaire pour se recomposer un visage convenable. Et quand elle revint, Joe était en train de parler avec Matt.

« Quinze dollars ?! Eï Dieu ! Toi t'as si tant de follerie qu'un morpion de lit ! Cinq dollars.

— Y a qu'à faire un compromis chacun entre nous deux, Broda Maire. Y a qu'à s'entendre pour dix.

— Cinq dollars. »

Tout en roulant son cigare dans sa bouche Joe roulait des yeux avec indifférence.

« Si ce mulet-là y a quèque valeur pour vous, Broda Maire, c'est qu'y aurait core plusse de valeur pour moi. Spécialement quand j'ai de la djob à besogner qui m'attend pour demain.

— Cinq dollars.

— Bon d'accord, Broda Maire. Si vous voulez ça dérober un pauvre gars comme moi ici présent de la seule chose qu'y possède pour gagner sa vie, je m'en vais prendre vos cinq dollars. Ce mulet-là y est resté avec moi vingt et trois années. Bigrement dur. »

Maire Starks prit tout son temps à changer de chaussures avant de plonger la main dans sa poche pour en sortir l'argent. En attendant Matt se tordait et se tortillait comme une poule sur une brique ardente. Mais dès que sa main se fut refermée sur l'argent son visage s'éclaira d'un grand sourire.

« Chuis gagnant sur l'affaire de ce coup-ci, Starks ! Ce mulet-là y est bon à être mort avant que la semaine elle soye finie. Pourrez pas en tirer aucune besogne.

— Je l'ai pas jamais acheté pour aucune besogne. Eï Dieu, j'ai acheté ce bonrien d'animal pour le laisser prendre du repos. Que toi-même t'as pas assez de jugeote pour faire ça. »

Un silence respectueux se déposa sur les lieux. Sam regarda Joe et dit, « Ça c'est une drôle d'idée nouvelle pour un bonrien de même, Maire Starks. Mais moi j'aime bien ça comme idée. C'est une chose qu'a de la noblesse, de faire ça. »

Tout le monde approuva.

Janie se tenait coite tandis que chacun y allait de son commentaire. Quand le silence se fit elle s'avança vers Joe et dit, « Jody, c'était une chose bigrement bien belle que celle que t'as eu fait là. C'est pas tout le monde qu'aurait pensé à ça vu que ça, c'est pas une pensée de tous les jours. Libérer ce mulet comme t'as fait, ça fait de toi un bigre de grand homme. Un comme George Washington ou Lincoln. Abraham Lincoln y avait les États-Unis à diriger tout entiers, fait que lui y a libéré les nègues. Toi t'as une ville, fait que t'as libéré un mulet. Faut ça que t'ayes du pouvoir pour libérer les choses, et donc ça fait de toi que t'es comme un genre de roi ou quèque chose. »

Hambo déclara : « Votre femme, Starks, c'est une orateuse-née. Et nous autres ici on le savait pas avant maintenant. Elle a mis juste les mots qu'y faut sur nos pensées. »

Joe mordit fort dans son cigare et son visage rayonna à la ronde, mais il ne prononça pas un mot. La ville délibéra la chose pendant trois jours et tout un chacun en conclut qu'il aurait fait exactement pareil s'il avait été un homme riche comme Joe Starks. Quoi qu'il en soit un mulet libre dans la ville c'était la nouvelle dont on se devait de parler. Starks empila du fourrage sous le grand arbre près de la véranda et le mulet se tenait généralement aux abords du magasin comme n'importe quel autre citoyen. Presque tout le monde prit l'habitude d'apporter une poignée de fourrage pour la lancer sur le tas. L'animal faillit même engraisser et tous en tiraient grande fierté. De nouvelles menteries naquirent à propos de ses agissements de mulet libre. Comment il avait poussé la porte de la cuisine des Lindsay pour y entrer et avait dormi là toute une nuit et ensuite n'avait jamais voulu déguerpir tant qu'ils ne lui avaient pas servi son café au petit déjeuner ; comment il avait passé la tête par la fenêtre ouverte des Pearson alors que toute la famille se trouvait réunie à table et Mrs. Pearson l'avait pris pour le Révérend Pearson et lui avait tendu une assiette ; et il avait chassé Mrs. Tully du terrain de croquet à cause de son allure tellement vilaine ; et il avait rattrapé Becky Anderson au galop sur la route de Maitland juste pour s'abriter du soleil sous son ombrelle ; et tanné d'écouter l'interminable sermon de Redmond, il s'était glissé dans l'église baptiste pour interrompre le culte. Prêt à tout sauf à se laisser passer la bride au cou pour aller rendre visite à Matt Bonner.

Mais longtemps après un temps il mourut. Lum le retrouva au pied du grand arbre allongé sur son dos décharné et les quatre fers en l'air. Ça n'était pas naturel et ça ne paraissait pas correct, mais Sam déclara que cela aurait été encore moins naturel pour lui de se coucher sur le flanc pour mourir comme n'importe quel autre bestiau. Il avait vu la Mort venir et lui avait fait face et l'avait combattue comme un homme. Il l'avait combattue jusqu'à son dernier souffle. Naturellement il n'avait pas eu le temps de prendre la bonne pose. La Mort l'avait pris tel qu'elle l'avait trouvé.

Lorsque la nouvelle se répandit, ce fut comme

l'annonce de la fin d'une guerre ou quelque chose comme ça. Tous ceux qui le purent laissèrent là leur ouvrage pour se réunir autour et parler. Mais pour finir il n'y eut rien d'autre à faire que de le traîner loin de la ville comme toutes les autres bêtes crevées. Le traîner jusqu'à la lisière du hammock c'est-à-dire suffisamment loin pour satisfaire aux régulations sanitaires de la ville. Le reste était l'affaire des busards. Tout le monde serait là pour le voir traîné jusque là-bas. La nouvelle avait fait sortir le maire Starks de son lit avant l'heure. Sa paire de chevaux gris était sous l'arbre et les hommes étaient à tirailler après le harnais quand Janie arriva au magasin pour porter à Joe son petit déjeuner.

« Eï Dieu, Lum, tu me barres la place bien solide avant que tu pars, t'entends ? »

Il mangeait très vite et tout en parlant gardait un œil sur ce qui se tramait au-dehors.

« Pourquoi tu dis ça qu'y doit barrer la place, Jody ? demanda Janie, étonnée.

— Pasqu'y aura personne ici pour garder le magasin. Moi-même je vais y aller le voir être traîné là-bas.

— Y a rien de si tant important que je dois faire à ce jour, Jody. Pourquoi ça que je peux pas aller avec vous le voir être traîné ? »

Joe demeura un instant sans voix. « Mais, Janie ! Tu peux pas être vue à voir traîner une carcasse, ou bien par exemple ? Avec tout et n'importe quel monde en pagaille à se poussailler et s'houspiller avec leur soi-même sans manières ? Naaan, naaan !

— Toi tu serais là avec moi, ou bien par exemple ?

— Vrai certain, sauf que moi je suis un homme, quand même si c'est moi le maire. Mais la dame du maire ça c'est autre chose encore. N'importe comment y a des chances qu'y me nécessitent pour dire quèques mots sur la carcasse, vu que c'est un cas de spécialité. Mais toi tu peux pas aller là-bas dans toute la valdrague de canaillerie qu'y aura. Et chuis même étonné que tu soyes à demander. »

Il essuya sur ses lèvres un peu de jus de jambon et mit son chapeau.

« Ferme la porte après toi, Janie. Lum y est pris avec les chevaux. »

Après avoir braillé encore plus de recommandations et d'ordres et de commentaires inutiles, la ville en cortège accompagna la carcasse. Non, plutôt la carcasse s'en alla avec la ville, laissant Janie debout dans l'embrasure de la porte.

Là-bas dans la mangrove ils firent grande cérémonie autour du mulet. Firent simulacre de tout ce qu'il y a d'humain dans la Mort. Starks commença par une grandiose élégie sur notre défunt citoyen, notre très distingué citoyen et tout le chagrin qu'il laissait en partant, et son discours fut très apprécié. Cela lui conféra une plus solide assise encore que d'avoir fait construire l'école. Debout sur la panse ballonnée du mulet il se tenait comme sur une estrade, gesticulant. Quand il en redescendit, Sam avec un peu d'aide se hissa dessus à son tour et d'abord il parla du mulet en sa qualité de maître d'école. Puis il inclina son chapeau comme le faisait John Pearson et imita son prêche. Il parla des joies du paradis des mulets pour lequel le bien cher frère avait quitté cette vallée de douleurs ; des anges-mulets voletant partout ; des miles de maïs en pousse et d'eau fraîche, la prairie de son et au milieu une rivière de mélasse ; et le plus merveilleux dans tout ça, aucun Matt Bonner avec ses sillons et son licol pour venir lui gâcher la chose. Là-haut, les anges-mulets auraient des gens qu'ils pourraient monter et, depuis sa place près du trône resplendissant, le bien cher frère défunt pourrait contempler les enfers tout en bas, où il verrait le diable menant au labour la journée longue et sous un soleil calcinant un Matt Bonner le dos lacéré de coups de fouet.

C'est là que les sisters lancèrent leur simulacre d'allégresse et se mirent à crier et les hommes durent les retenir. Tout le monde s'amusa follement et pour finir on abandonna le mulet aux busards qui commençaient de s'impatienter. Ils tenaient grand conciliabule en vol plané là-haut bien au-dessus des têtes du cortège funèbre et les arbres aux alentours étaient déjà peuplés de silhouettes aux épaules voûtées.

Aussitôt que la foule fut hors de vue les cercles se concentrèrent. Les plus proches se firent encore plus proches et les plus éloignés se rapprochèrent. Un cercle, un piqué, un petit saut les ailes déployées. Plus près, plus près, jusqu'à ce que les plus affamés ou les plus téméraires se perchent sur la carcasse. Ils auraient bien commencé, mais le Pasteur n'était pas là, si bien qu'on envoya un messager auprès du chef assis dans son arbre.

La flopée d'ouailles se devait d'attendre son guide à tête blanche, mais que c'était dur. Dans leur faim furieuse, ils se bousculaient et se becquetaient la tête. Certains allaient et venaient sur l'animal, de la tête à la queue, de la queue à la tête. Le Pasteur demeurait assis immobile dans un pin mort à deux miles de là. Il avait eu nez de l'affaire aussi vite que les autres, mais les convenances exigeaient de lui qu'il feigne l'ignorance jusqu'à en être officiellement avisé. Alors il prit pesamment son envol et de cercle en cercle descendit, de cercle en cercle descendit, jusqu'à ce que les autres le voyant approcher se mettent à danser, dans leur faim joyeuse.

Finalement il se posa et fit le tour de la charogne pour s'assurer qu'elle était vraiment morte. Scruta au fond des naseaux et de la bouche. L'examina attentivement et de bout en bout, puis bondit dessus et s'inclina en manière de salut, et les autres de danser en retour. Cela réglé, il se balança et demanda :

« Qu'est-ce qui a tué cet homme ?

— Seulement, seulement le gras, lui répondit le chœur.

— Qu'est-ce qui a tué cet homme ?

— Seulement, seulement le gras.

— Qui va gérer ses funérailles ?

— Nous !!!!!

— Bon, alors c'est bien. »

Et il se mit à picorer les yeux cérémonieusement et le festin alla bon train. Le mulet jaunasse disparut de la ville mais demeura dans les raconteries de la véranda, et pour les enfants qui de temps en temps par esprit d'aventure rendaient visite à ses os blanchissants.

Joe rentra au magasin plein de joie et de bonne humeur mais il n'avait pas envie que Janie le sache parce qu'il se rendait bien compte qu'elle était maussade et il trouvait cela contrariant. Elle n'avait aucune raison de l'être, dans son idée à lui des choses. Elle ne lui était même pas reconnaissante pour tous les efforts qu'il faisait et pourtant elle avait vraiment de quoi l'être. Lui qui déversait tant d'honneurs sur elle, qui lui élevait ce haut siège pour s'asseoir et contempler le monde ici-bas, et elle qui faisait la moue devant tout ça. Non qu'il eût des vues sur une autre, mais simplement des femmes il y en avait beaucoup qui auraient été bien contentes d'être à sa place. Elle méritait qu'il lui boxe la mâchoire ! Mais il n'avait pas envie d'une querelle ce jour, alors il mena son attaque en prenant Janie à revers.

« Fallait que je rigole avec les gens là-bas dans les bois à matin, Janie. On peut pas s'empêcher de rire à leurs blagues. Mais n'importe comment j'aimerais mieux ça que mes gens y s'occupent mieux des affaires qu'y ont à faire et pas qu'y passent tout leur temps dans ces niaiseries.

— Tout le monde peut pas être comme toi, Jody. Les gens faut bien qu'y prennent un peu de rire et d'amusement.

— Qui donc aime pas prendre du rire et de l'amusement ?

— Toi en tout cas, que tu fais comme si t'aimais pas ça.

— Eï Dieu, moi je fais aucunement pareille menterie ! Mais je dis qu'y a un temps pour chaque chose. C'est affreux de voir qu'y a si tant de gens veulent juste rien qu'un ventre rempli et une place pour aller se coucher et dormir après. Ça me fait chagrin des fois puis après ça me met en rage. Y en a qui disent des choses quèquefois ça me chatouille de rire à mort, mais moi je ris pas c'est juste pour les contrencourager. »

Janie prit le parti d'éviter d'en faire une embrouillerie. Elle ne changea pas d'avis mais sa bouche fit mine d'acquiescer. Et son cœur disait : « Peutête bien, mais t'as vraiment pas besoin de pleurer sur ça. »

Mais quelquefois Sam Watson et Lige Moss et leurs sempiternelles discutailles réussissaient quand même à tirer un gros rire du ventre de Joe. Elles n'en finissaient pas parce qu'elles n'avaient pas de fin en soi. C'étaient des joutes d'hyperboles qui n'avaient d'autre raison d'être que de se poursuivre toujours.

Mettons que Sam se trouvait assis sur la véranda quand Lige arrivait. S'il n'y avait pour ainsi dire personne, il ne se passait rien. Mais si toute la ville était là comme chaque samedi soir, alors Lige se composait un air très grave. Du genre à ne même pas pouvoir jaser un peu, tellement il était tracassé par ses pensées. Et quand pour le lancer on lui demandait qu'est-ce qu'il y a, alors il disait, « Ce problème là ça y est, y m'a déjà eu rendu fou. Et Sam ici, y connaît si tant de choses, moi y me faut de l'information sur la question. »

Là Walter Thomas était censé intervenir pour faire monter la mayonnaise. « Ouais, Sam y a toujours si tant d'informations qu'y sait pas quoi faire avec. Certain qu'y est capable à te dire exactement la chose même que tu veux savoir. »

Sam entame tout un numéro pour faire semblant d'éviter la joute. Et là c'est la véranda entière qui s'en mêle.

« Comment y se fait-il que moi je dois te dire ? C'est toi-même qui dis toujours que Dieu en personne t'a vu au croisement là-bas et t'a pris pour parler de toutes Ses affaires impénétrables avec toi. Fait que ça sert de rien que tu soyes à me demander à moi. C'est moi qui vais te demander à toi.

— Et comment tu vas faire ça, Sam ? Vu que c'est moi-même qu'a porté la conversation ici présente. C'est moi-même qui te demande.

— Tu demandes quoi ? T'as même pas dit le sujet que c'est encore.

— Mais j'ai pas moindrement en intention de rien te dire ! Moi j'ai juste en intention de te garder au noir complet dans l'affaire. Si t'es si tant malin que tu te laisses dire, t'es bien capable à trouver tout seul.

— T'es juste épeuré de me faire savoir la chose que c'est, vu que tu sais que je vais te la mettre en pièces. Faut ça que t'ayes un sujet pour parler dessus, même si tu sais pas parler. Si un homme a pas de limites, y a pas aucune place où y peut s'arrêter. »

À compter de cet instant, Sam et Lige sont le centre du monde.

« Bon alors d'accord. Vu que t'avoues que t'es pas si vraiment malin pour trouver la chose que c'est, moi je vais te dire. C'est quoi qui va empêcher un homme de se faire brûler à un poêle chauffé rouge – la prudence ou la nature ?

— Schocks ! Moi qui croyais ça que t'avais une chose de dure à me demander. Même Walter ici te dira ça.

— Si cette conversation a trop de profondeur pour toi, Sam, pourquoi tu le dis pas juste, et après tu fermes ta bouche ? Walter y peut rien me dire de la sorte. Moi chuis un homme qu'a de l'instruction, mes arrangements je les garde dans ma propre main, et si ça m'a tenu en éveil toute une nuit d'étudier mon affaire, c'est pas jamais Walter qui pourra venir m'aider dessus. Moi je nécessite un homme de ta sorte.

— Voyons donc, Lige, je m'en vais te dire ça. Je m'en vais mener cette conversation depuis le talon d'un moucheron jusqu'à un pou. C'est la nature qui garde l'homme à rester loin d'un poêle chauffé rouge.

— Hm-hmmm ! Moi je savais ça que t'allais ramper direct dans ce trou ! Mais j'ai bien en intention de t'emboucaner en-dans. C'est nullement pas la nature, Sam, c'est la prudence.

— Rien de la sorte ! C'est la nature qui dit de pas jouer avec aucun poêle chauffé rouge, et après tu le fais pas.

— Écoute, Sam, si c'était que c'est la nature, personne aurait à garder son œil sur les bébés qui s'en vont à toucher les poêles, pas vrai ? Vu qu'eux autres iraient juste pas les toucher de nature. Mais le certain c'est qu'y vont toucher. Fait que c'est la prudence.

— Naaan, Lige, c'est pas ça. C'est la nature. La nature c'est elle qui fait la prudence. C'est la chose la plus puissante que Dieu a eu fait, présentement. Pour vrai c'est la chose la plus puissante que Dieu a eu jamais fait. Y a fait la nature et la nature a fait tout le restant.

— Naaan, la nature elle a pas jamais fait ça. Y a un plein tas de choses qu'est même pas encore fait.

— Dis-moi voir une chose que tu connais que la nature elle a pas fait.

— Elle a pas fait que tu peux monter une vache à tête nue et quand même y a des cornes où tu vas te gripper dessus.

— Ouais, mais ça c'est pas ce que tu disais.

— Si, c'est ça certain.

— Naaan c'est pas ça nullement.

— Donc alors, je disais quoi au juste ?

— T'es pas arrivé en nulle part dans l'affaire, à l'heure présente.

— Y est arrivé en quèque part certain, interrompit Walter. Le poêle chauffé rouge, c'est ça qu'y disait.

— Y sait un bigre plein tas de choses, mais y a pas encore rien prouvé.

— Sam, moi je dis c'est la prudence, c'est pas la nature qui garde les gens à rester loin d'un poêle chauffé rouge.

— Et comment le fils y fait pour être au monde avant son paa ? La nature c'est la première chose dans tout ce qui est. Depuis le temps que soi est soi, la nature elle garde les gens à rester loin des poêles chauffés rouge. La prudence que tu parles c'est juste rien que de la bébite à sornettes. Un insec que tout ce qu'il a c'est même rien qui soye à lui en propre. L'a des yeux c'est comme un autre ; des ailes c'est comme un autre – et tout ! Même son bruit c'est le bruit d'un autre.

— Maaan ! mais de quoi tu parles ? La prudence c'est

la plus grande chose dans le monde. S'y avait pas la prudence...

— Montre-moi voir une seule chose que la prudence elle a jamais fait ! Regarde tout ça que la nature a pris et fait avec. La nature elle a travaillé si tant fort dans la poule noire qu'elle lui a fait pondre des œufs qui sont blancs. Maintenant dis-moi voir, comment y se fait, qu'est-ce qui lui a pris à l'homme d'aller se prendre des poils autour de la bouche ? La nature !

— Ça c'est pas... »

À présent la véranda était en ébullition. Starks laissa le magasin en garde à Hezekiah Potts, le garçon livreur, et s'en vint prendre place sur son haut siège.

« Regarde-moi ce gros maousse crapule de bestiau là-haut à la station-essence de Hall – spèce de gros maousse crapule là. Y mange tous les gens dans la maison puis après ça y mange la maison avec.

— Aoow, y a pas aucune vermine en nulle part qui peut faire ça manger une maison ! C'est une menterie ! Moi-même j'étais là-haut rien qu'hier et j'ai jamais vu rien de la sorte. Y se trouve où ?

— Moi je l'ai pas vu moi-même mais je crois ça qu'y doit se trouver dans le fond du jardin en quèque part. Mais n'importe comment y ont mis son dessin à la devanture là-haut. Y étaient à le clouer au mur quand c'est que chuis venu à passer par là au soir tombé.

— Alors bon d'accord, et si ça mange les maisons comment y se fait-il que ça mange pas la station-essence entière ?

— Ça c'est à cause qu'y l'ont attaché fait que donc y peut pas. Y ont mis un grand maousse dessin qui t'esplique bien combien de gallons d'essence Sinclair haute compression il a bu d'un coup et comment il a plus d'un million d'ans d'âge à l'heure présente.

— Y a pas aucune chose qu'a jamais eu un million d'ans d'âge !

— Le dessin y est mis juste là où tout le monde peut le voir. Y peuvent pas faire un dessin du bestiau si personne a vu le bestiau, pas vrai ?

— Comment y peuvent deviner s'il a un million d'ans d'âge ? Personne est jamais venu au monde si loin en arrière.

— Avec les rides sur sa queue, j'imagine. Maaan, les blancs là je te dis qu'y en ont des moyens pour deviner tout ce qu'y veulent savoir.

— Bon, et où il était tout ce temps durant alors ?

— Y sont allés le traper là-bas en Égypte. Paraîtrait qu'il avait l'usage de traîner aux entours de là et manger toutes les tombes des pharaons. Y ont même le dessin de quand y fait ça. La nature elle travaille fort dans une vermine de la sorte. La nature et le sel. C'est ça qui fait des hommes puissants comme Big John le Conquérant. C'était un homme y avait du sel en-dans. Y était capable à donner du goût à n'importe quoi.

— Ouais, mais c'était un homme il était plusse qu'un homme. Y en a plus des comme lui. Y serait pas à déterrer les patates et y serait pas à râteler le foin : y prendrait pas des coups de fouet et y s'enfuirait pas.

— Ah, d'autres y peuvent le faire certain, si c'était qu'y tentent assez fort. Moi-même ici, j'ai du sel en-dans de moi. Si c'était que j'aimais la viande d'humain, cherais capable d'en manger à chaque jour, et y en a qui sont si tant de la raclure qu'eux-mêmes y me laisseraient les manger.

— Loawd, moi j'aime ça quand on parle de Big John. Si on contait un peu de menteries sur Old John ? »

Mais voici venir Bootsie, Teadi et Big Woman là-bas qui descendent la rue avec l'allure qu'elles veulent faire croire qu'elles sont jolies. Elles ont cette saveur fraîche des graines de moutarde nouvelles au printemps, et les jeunes gens sur la véranda justement ne manqueront pas de leur dire et d'offrir de leur acheter des gourmandises.

« Et vlà ma commande qui s'en vient juste là », clame Charlie, dévalant les marches de la véranda pour aller à leur rencontre. Mais c'est qu'il a de la concurrence. Et ça se pousse et ça se houspille dans un grand numéro de galanterie. Tous à supplier les filles de venir s'acheter absolument tout ce qui leur passe par la tête. Et surtout surtout qu'elles les laissent payer. On supplie Joe d'emballer pour elles toutes les sucreries que contient le magasin et d'en commander encore. Toutes les arachides et l'eau gazeuse aussi – tout !

« Ma gal, moi je suis fou de toi, répète Charlie pour le plus grand amusement de la compagnie. Moi chuis capable à faire n'importe quoi au monde sauf à part de travailler pour toi et te donner mon argent. »

Les filles et tous les autres se joignent au rire. Chacun ici sait qu'il ne s'agit pas de leur faire la cour. Il s'agit de jouer à leur faire la cour et tout le monde a un rôle à tenir dans la pièce. Les trois jeunes filles sont sous les feux de la rampe jusqu'au moment où Daisy Blunt s'en vient descendant la rue au clair de lune.

Daisy marche au rythme d'un tambour. On croirait l'entendre battre rien qu'en la regardant marcher. Elle est noire et elle sait comme le blanc lui va bien, alors elle en porte pour faire l'élégante. Elle a de ces grands yeux noirs avec tout plein de blancheur éclatante autour qui les fait briller comme des sous neufs et elle sait très bien, aussi, pourquoi Dieu a donné des cils aux femmes. Ses cheveux ne sont pas ce qu'on pourrait appeler raides. C'est du cheveu nègre, mais avec comme une sorte d'effluve de blanc. Comme la ficelle autour d'une pièce de jambon.

Ça n'est pas du jambon, mais ça a servi à ficeler le jambon et ça en a gardé la saveur. Et cette chevelure se déployait épaisse et pesante sur ses épaules et elle avait l'air parfaite sous un grand chapeau blanc.

« Loawd, Loawd, Loawd, s'exclame le même Charlie Jones en se précipitant au-devant de Daisy. Ça m'a l'air que c'est congé là-haut au jardin d'Ébène si saint Pierre y laisse sortir ses anges en permission de même. T'as déjà trois hommes qu'y sont couchés au seuil de la mort pour toi, et vlà encore un autre imbécile qu'est prêt à faire du temps dans ta gang. »

Déjà tous les célibataires se pressent autour de Daisy. Elle se pavane et rougit en même temps.

« Si t'en connais un qu'est au bord de mourir pour moi, t'en sais déjà plusse que moi, rétorque Daisy, le menton défiant. J'aimerais ça connaître qui c'est.

— Voyons donc, Daisy, toi-même tu sais que Jim et Dave et Lum y sont au bord de se tuer chacun les autres juste pour toi. Reste pas ici à me sortir la bonne vieille ritourne du naaan-même-pas-vrai.

— Sont des bigres de becs-cousus si c'est vrai. Vu qu'y m'ont pas jamais rien dit.

— Hm-hmmm, t'as parlé trop vite. Jim et Dave y sont juste là sur la véranda et Lum au magasin. »

Un grand éclat de rire pour accompagner la déconfiture de Daisy. Restait maintenant aux garçons à mettre en scène leur rivalité. Seulement cette fois-ci, chacun savait qu'ils étaient pour partie sincères. Mais en attendant la véranda profitait du spectacle et fournissait des figurants au besoin.

David dit, « Jim aime pas Daisy. Y t'aime pas comment moi je t'aime. »

Jim beugla d'indignation. « Qui c'est qu'aime pas Daisy ? Moi n'importe comment je sais que tu parles pas de moi. »

Dave : « Bon alors d'accord, chacun ici a qu'à prouver la chose maintenant. On va prouver sitôt toussuite maintenant qui aime cette gal le plusse. Combien long t'es capable à faire pour Daisy ?

Jim : « Vingt années ! »

Dave : « Tu vois ? Je t'ai dit que ce nègue t'aimait pas. Moi, je vais aller faire des supplières au Juge de me pendre, et je te donnerai pas moins que ma propre vie. »

Un grand rire secoua la véranda. Ensuite Jim était censé réclamer une épreuve.

« Dave, combien long t'es prêt à faire pour Daisy si c'était qu'elle devient assez bête pour te marier ?

— Moi et Daisy on a déjà eu parlé de ça, mais si tu dois si tant savoir, moi j'irai acheter un train de voyageurs à Daisy pour lui donner en cadeau.

— Mmmpff ! C'est fini déjà ? Moi j'irai lui acheter un bateau à vapeur puis après ça j'irai prendre des hommes pour qu'y le naviguent pour elle.

— Daisy, laisse pas Jim t'empaumer avec sa parlotte. Il a pas moindrement en intention de rien faire pour toi. Un pauvre pti bateau à vapeur ! Daisy, moi je vais prendre une djob à nettoyer l'océan Atlantique pour toi à la minute où tu vas me dire que c'est ça ton désir. »

Un rire énorme déferla puis tous firent silence pour écouter.

« Daisy, commença Jim, tu connais mon cœur et tous les balancements de mon âme. Et tu sais ça que si j'irais voler dans un aéroplane loin là-haut dans le ciel et je regarderais en bas et je te voirais à marcher et je sacherais que tu dois encore marcher dix miles avant d'arriver à la maison, moi je ferais demi-tour pour quitter l'aéroplane juste rien que pour marcher jusqu'à la maison avec toi. »

Ce fut une bordée de fous rires et Janie s'en donnait à cœur joie. Avant que Jody ne vienne lui gâcher toute la chose.

Mrs. Bogle s'en venait descendant la rue en direction de la véranda. Mrs. Bogle, qui était plusieurs fois grand-mère, avait aussi un voile de coquetterie rougissante sur ses joues creusées. Quand elle marchait on lui voyait devant le visage un éventail papillonnant et des fleurs de magnolia et des lacs assoupis sous le clair de lune. Il n'y avait aucune raison concrète à cela, c'était ainsi. Son premier mari ancien cocher avait « étudié la juridiction » pour la conquérir. Puis il avait fini prédicateur pour la garder avec lui jusqu'à sa mort. Son second mari travaillait à l'orangeraie Fohnes – et s'essaya lui aussi au prêche dès qu'il eut accroché son regard. Il n'était jamais allé plus loin que premier de la classe, mais c'était déjà quelque chose à lui offrir. Un gage d'amour et de fierté. Elle était un vent sur l'océan. Transportait les hommes, mais la barre seule décidait de l'ancrage. Et donc, ce soir-là tandis qu'elle montait les marches les hommes ne la quittèrent pas des yeux jusqu'à ce qu'elle eût passé la porte.

« Eï Dieu, Janie, dit Starks avec impatience, pourquoi tu vas pas voir ce que Mrs. Bogle elle veut ? T'attends quoi ici ? »

Janie avait envie d'écouter la suite de la petite comédie et comment tout ça se terminait, mais elle se leva d'un air renfrogné et entra dans le magasin. Elle revint sur la véranda toute hérissée de partout et le mécontentement étalé au visage. Joe s'en aperçut et lui aussi s'horripila un peu.

Jim Weston avait discrètement emprunté dix cents et en était déjà à implorer à cor et à cri Daisy de se laisser offrir une gourmandise. Finalement elle consentit à ce qu'il lui achète un pied de porc en marinade. Janie était occupée à préparer une grosse commande quand ils entrèrent, et ce fut Lum qui les servit. Plus exactement, il alla au baril dans le fond du magasin mais revint sans le pied de porc.

« Miste Starks, les pieds de porc y en a plus ! s'écria-t-il.

— Aoow naaan, y en a, Lum. J'en ai pris un plein baril de frais avec la dernière commande de Jacksonville. C'est rentré d'hier. »

Joe vint aider Lum à chercher mais ne trouva pas plus le nouveau tonnelet, alors il alla vérifier la commande au clou qui lui servait de classeur au-dessus de son bureau.

« Janie ! Y est où le dernier bon de livraison ?

— Y est juste là au clou, non ?

— Naaan, y est pas. Tu l'as pas mis là où je t'ai dit de le mettre. Si tu pouvais faire ça pas laisser ta tête courir les rues et la garder un peu sur tes affaires, t'arriverais peutête quèquefois à faire les choses comme du monde.

— Aoow, regarde aux entours de toi, Jody. Ce bon de livraison y peut pas être allé se promener en nulle part. S'il est pas au clou, c'est qu'il est à ton bureau. T'as qu'à chercher puis tu vas trouver.

— Avec toi ici c'est pas correct que je soye forcé à faire tout ce chercher-fouiller. Je t'ai déjà eu dit core et encore de me coller tous ces papiers au clou qu'est là ! Tout ça que t'as à faire c'est juste à me prêter attention. Comment ça se trouve que tu peux pas faire les choses comme je te dis ?

— Vrai certain que t'aimes me dire quoi faire, mais je vois ça que je peux pas te dire pareil !

— Ça c'est pasque toi tu nécessites qu'on te dise, rétorqua-t-il fulminant. Ça serait malheureux si je le faisais pas. Faut bien ça que quelqu'un pense à la place des femmes et des tizenfants et des poulets et des vaches.

Eï Dieu, vrai certain qu'eux autres y peuvent pas penser par eux-mêmes.

— Moi j'en sais quèques-unes, des choses, et les femmes elles pensent aussi !

— Aoow naaan, elles pensent pas. Elles pensent juste qu'elles pensent. Quand moi je vois une chose j'en comprends dix. Toi tu vois dix choses et t'en comprends même pas une. »

Les incidents et les scènes de ce genre menèrent Janie à s'interroger sur ce qu'était au fond son mariage. Il arriva que par la parole elle se défende du mieux qu'elle pût, mais cela ne lui profita guère. Et ne faisait qu'envenimer Joe. Il voulait sa soumission et ne mettait fin à une querelle que lorsqu'il avait le sentiment de l'avoir obtenue.

Alors peu à peu elle serra les dents et apprit à se taire. L'âme du mariage déserta la chambre à coucher et alla prendre quartier dans le salon ; elle se tenait là pour serrer les mains lorsqu'il y avait de la visite mais plus jamais elle ne retourna dans la chambre à coucher. Aussi Janie y plaça-t-elle quelque chose pour représenter cette âme, comme une image de la Vierge Marie dans une église. Le lit n'était plus un champ de pâquerettes où Joe et elle s'amusaient tous les deux. Il n'était plus que l'endroit où elle allait s'allonger quand elle se sentait lasse et somnolente.

Elle cessa d'être une corolle de pétales ouverte pour lui. Elle avait vingt-quatre ans et elle était mariée depuis sept ans déjà quand elle le comprit. Un jour dans la cuisine, à l'instant où il la gifla. Cela se produisit à l'occasion d'un de ces dîners voués à laisser toute femme mortifiée. Tandis qu'elles sont à prévoir et préparer et s'activer, soudain un esprit maléfique des cuisines vient glisser dans leurs casseroles une saleté cramée, pâteuse et fade. Janie était bonne cuisinière, et Joe avait attendu avec impatience ce dîner, comme un refuge à l'encontre d'autres choses. Et devant le pain qui n'avait pas levé, et le poisson qui n'était pas cuit à cœur, et le riz trop roussi, il avait giflé Janie jusqu'à ce qu'elle en ait les oreilles qui sifflent, et il lui avait encore parlé de sa cervelle avant de regagner à grandes enjambées le magasin.

Janie pendant un temps immesuré était restée sans bouger à l'endroit où il l'avait laissée, à réfléchir. Elle était restée là jusqu'à ce que quelque chose tombe d'une étagère à l'intérieur d'elle-même. Puis elle était entrée dans cet intérieur pour voir ce qui était tombé. C'était l'image qu'elle avait de Jody, dégringolée et fracassée. Mais en l'examinant de près elle s'était aperçue que cette image n'avait jamais été la figure de chair et de sang de ses rêves. Seulement une chose dont elle s'était emparée pour la draper dans ses rêves. C'est ainsi que, tournant le dos à l'image, elle l'avait laissée là où elle gisait pour regarder un peu plus loin. Elle n'avait plus en elle de boutons de fleurs s'ouvrant pour saupoudrer de pollen son homme, ni de jeunes fruits reluisants là où les pétales jadis se trouvaient. Ce qu'elle découvrit fut une pléiade de pensées qu'elle n'avait jamais exprimées à Jody, et d'innombrables émotions qu'elle ne lui avait jamais dévoilées. Des choses empaquetées et rangées dans des recoins de son cœur où il ne pourrait jamais les dénicher. Des sentiments qu'elle préservait au-dedans d'elle pour un homme qu'elle n'avait jamais vu. Elle avait maintenant un dedans et un dehors et d'un seul coup elle venait de comprendre comment ne pas les mélanger.

Elle prit un bain et passa une robe fraîche et se noua un fichu sur la tête et se rendit au magasin avant même que Jody ait le temps de l'envoyer chercher. Manière de s'incliner devant le dehors des choses.

Jody était sur la véranda et la véranda était grouillante d'Eatonville comme d'habitude à pareille heure. Et Joe en était à turlupiner Mrs. Tony Robbins comme toujours quand elle venait au magasin. Janie voyait Jody qui tout en faisant rudement marcher Mrs. Robbins l'observait du coin de l'œil. Il cherchait à se rabibocher avec Janie. Son gros gros rire retentissait pour elle tout autant que pour cette turlupinade. Il voulait la paix mais selon ses propres termes.

« Eï Dieu, Mrs. Robbins, c'est quoi qui vous amène ici à me faire du trouble de même quand vous voyez que chuis en train de lire les nouvelles ? » fit Maire Starks en baissant son journal d'un air faussement exaspéré.

Mrs. Robbins prit sa pose d'âme en peine et la voix qui va avec.

« C'est à cause que j'ai faiiim, Miste Starks. Pour vrai que oui. Moi et mes tizenfants on a faim. Tony y me nourrit paaaaas. »

C'était le moment que toute la véranda attendait. Ils éclatèrent de rire.

« Mrs. Robbins, comment vous pouvez dire ça que vous avez faim quand Tony en personne vient ici à chaque samedi pour faire toutes les provisions qu'y faut comme un homme ? Trois semaines de honte sur vous !

— Si c'est bien vrai qu'y vient prendre tout ça que vous êtes en train de dire, Miste Starks, Dieu sait c'est quoi qu'y s'en va faire avec. Vrai certain qu'y le ramène pas chez nous, et moi et mes pauvres tizenfants on a si teeeellement faim ! Miste Starks, s'y vous plaît donnez-moi un ti bout de viande pour moi et mes tizenfants.

— Je sais que vous le nécessitez pas, Mrs. Robbins, mais venez en-dans. N'importe comment vous allez m'empêcher à lire tranquille jusqu'à tant que je vous donne ça. »

L'extase de Mrs. Robbins était divine. « Merci, Miste Starks. Vous êtes si tant noble ! Certain que vous êtes l'homme le plusse gentlemanifique que j'ai eu jamais vu. Un roi que vous êtes ! »

Le baril de porc en saumure se trouvait au fond du magasin et Mrs. Robbins le temps de ces quelques pas se montrait si avide que parfois elle butait contre les talons de Joe, parfois même lui prenait le pas. Un peu comme un chat affamé quand on s'approche de sa gamelle avec de la viande. Courant un peu, se frottant un peu, et sans arrêt poussant des petits cris implorants.

« Vrai vrai, Miste Starks, vous êtes noble. Avec toute votre compassion pour moi et mes pauvres tizenfants. Tony nous donne rien à manger et on a si teeeellement faim. Tony me nourrit paaaaas ! »

Et là-dessus ils arrivèrent devant le baril de viande. Joe empoigna le grand couteau et choisit un bas morceau à découper. Mrs. Robbins en était pratiquement à danser autour de lui.

« C'eeest ça, Miste Starks ! Donnez-moi un tout ti bout de viande cooomme ça, dit-elle en lui indiquant un morceau large comme son poignet et sa main. Moi et mes tizenfants on a si teeeellement faim ! »

Starks jeta à peine un œil vers ses gesticulations. Il les avait vues trop souvent. Il entailla un morceau bien plus petit puis plongea toute la lame dans la chair. Mrs. Robbins, au plus mal, faillit s'effondrer.

« Loawd aie pitié ! Miiiiste Staaaarks ! Vous allez quand même pas me donner ce toutinuscule ti bout pour moi et tous mes tizenfants ensemble ? Ou bien ? Loawd, on a si teeeellement faim ! »

Starks trancha sans faillir et tendit la main pour se saisir d'une feuille de papier d'emballage. D'un bond, Mrs. Robbins s'écarta du morceau de viande offert, comme s'il s'agissait d'un crotale.

« Jamais je vais même toucher ça ! Ce ti bout d'œil de lard pour moi et tous mes tizenfants ensemble ! Loawd, y en a qu'ont toutes les choses qu'y leur faut et y sont si tant grigous et si tant pingues ! »

Starks fit mine de jeter le morceau de porc dans le baril pour le refermer. Mrs. Robbins tel un éclair fondit sur lui et s'en empara, avant de se diriger vers la porte.

« Y en a qu'ont pas de cœur en-dans la poitrine. Font juste qu'à attendre pour voir une pauvre femme et ses tizenfants sans défense souffrir la faim jusqu'à la mort s'ensuit. Le Seigneur Dieu y va les mettre aux états d'arrêt, un jour qui vient, avec leurs façons de grigous gratteux. »

Elle descendit la dernière marche de la véranda et s'en fut d'un pas indigné. Cela en fit rire certains, cela en fit rager d'autres.

« Si ça c'était ma femme à moi, dit Walter Thomas, moi j'allais la tuer cimetiérisé direct.

— Spécialement plusse après que j'ai eu acheté pour elle toutes les choses que ma paye peut payer, comme Tony y fait toujours, dit Coker. En première place moi jamais je vais aller dépenser pour aucune femme tout ça que Tony y dépense pour elle ! »

Starks revint prendre place sur son fauteuil. Entretemps il avait mis le morceau de viande sur le compte de Tony.

« Tout cas, Tony m'a dit de faire comme ça lui plaît. Il est venu ici du nord de l'État pasqu'il avait l'espoir qu'elle pouvait changer, mais non. Il dit que lui y peut pas soutenir ça de la laisser et qu'y haït l'idée de la tuer, fait qu'y a rien à faire sauf seulement endurer avec elle.

— Ça c'est juste que Tony y l'aime de trop, dit Coker. Si c'était la mienne moi j'allais la briser. La briser ou la tuer. Me faire ridicule de même dans la face de tout le monde !

— Tony jamais y va la frapper. Y dit que frapper les femmes c'est comme piétiner les bébés poussins. Prétend qu'y a pas aucun endroit d'une femme qu'on peut la frapper dessus, fit remarquer Joe Lindsay d'un air de désapprobation dédaigneuse. Mais moi pour une chose comme ça chuis capable à tuer un bébé tout juste né à matin. C'est rien que sa vilaine méchanceté vers son mari qui la fait agir de la sorte.

— Ça c'est la vérité de Dieu, acquiesça Jim Stone. Ça c'est la vraie raison exacte. »

Janie fit ce que jamais elle n'avait fait jusque-là, c'est-à-dire, s'introduire dans la conversation.

« Quèquefois Dieu y se fait intime avec nous autres les femmes aussi, et y vient nous jaser de Ses affaires impénétrables. Y m'a dit comment il était bien étonné de voir que vous tous ici vous êtes devenus si tant malins de même alors que lui y vous a faits différents ; et comment vous serez bien étonnés le jour où vous allez comprendre que vous savez même pas la moitié des choses que vous croyez savoir sur nous. C'est si facile de vous imaginer Dieu tout-puissant quand vous prenez rien d'autre pour vous éprouver devant qu'à part des femmes et des poulets.

— Tu t'en viens trop à bagueuler, Janie, lui dit Starks. Va-t'en me trouver la planche à dames et les dames. Sam Watson, c'est toi mon poisson. »

7.

Les années achevèrent d'effacer la lutte du visage de Janie. Elle crut un temps qu'elle avait même déserté son âme. Quoi que fît Jody, Janie ne disait rien. Elle avait appris à dire un peu et laisser un peu. Elle était une ornière sur la route. Foison de vie sous la surface mais sans cesse martelée par les roues. Quelquefois elle se projetait dans l'avenir, s'imaginant une vie différente de celle qu'elle avait. Mais la plupart du temps elle vivait entre son chapeau et ses talons, et ses turbulences émotionnelles, comme l'ombre qui dessine ses motifs au fond des bois, allaient et venaient avec le soleil. Elle ne recevait de Jody rien d'autre que ce qui pouvait s'acheter, et ne donnait en retour que ce qui pour elle était sans valeur.

De temps à autre elle songeait à une route de campagne au soleil levant et se voyait prenant la fuite. Vers où ? Vers quoi ? Et puis elle songeait aussi que trente-cinq c'était deux fois dix-sept et que plus rien n'était pareil.

« Peutête qu'il est rien, s'avisait-elle, mais dans ma bouche il est quèque chose. Faut bien qu'y le soye sans ça moi j'ai rien pour quoi vivre. Chuis prête à mentir rien que pour dire qu'y l'est. Si je le fais pas, la vie pour moi ça sera rien qu'un magasin et une maison. »

Comme elle ne lisait pas de livres elle ne savait pas qu'elle était le monde entier et les cieux concentrés en une seule goutte. L'humain qui depuis son tas de fumier s'échine à grimper jusqu'aux cimes indolores.

Et puis un jour elle s'était posée pour contempler son ombre vaquant aux affaires du magasin et se prosternant devant Jody, tandis qu'elle-même tout ce temps était assise sous un arbre ombreux dans le vent qui soulevait ses cheveux et ses vêtements. Quelqu'un non loin s'occupant à faire de sa solitude un été.

C'était la première fois que cela se produisait, mais au bout d'un certain temps cela devint si habituel qu'elle cessa de s'étonner. C'était comme une drogue. Et cela avait du bon puisqu'elle s'en trouvait réconciliée. Elle en vint donc à accueillir toute chose avec l'impassibilité de la terre qui dans la même indifférence s'imprègne de l'urine comme du parfum.

Un jour elle s'aperçut que Joe ne s'asseyait plus. Il se plantait simplement devant le fauteuil et s'y laissait tomber. Et donc elle se reprit à l'examiner de près. Joe n'était plus aussi jeune qu'il l'avait été. Il y avait déjà quelque chose de mort en lui. Il ne se tenait plus bien droit sur ses genoux. En marchant il se ratatinait sur ses chevilles. Et cette raideur qu'il avait à l'arrière du cou. Sa bedaine autrefois prospère, pugnace et protubérante et qui intimidait les gens, s'affaissait maintenant comme une charge suspendue à ses reins. Elle ne semblait plus faire partie de lui. Les yeux comme absents aussi.

Jody aussi avait dû s'en apercevoir. Même, peut-être qu'il l'avait vu venir bien avant Janie, et craint qu'elle ne le voie à son tour. Car il s'était mis à parler à tout bout de champ de son âge à elle, comme s'il ne voulait pas la voir rester jeune tandis que lui envieillissait. Il disait tout le temps, « Ferais bien ça te jeter un quèque chose aux épaules avant d'aller au-dehors. T'as fini d'être une jeune poulette toi. T'es de la vieille carne à l'heure présente. » Un jour il l'avait obligée à quitter le terrain de croquet.

« Ça c'est une chose de jeunes gens, Janie, toi t'es là-bas à sauter partout puis demain à matin tu seras même pas capable à te lever du lit. » S'il croyait la berner, il se trompait. Pour la première fois, elle voyait clair dans la tête d'un homme comme dépouillé de son crâne. Apercevait les pensées fourbes se bousculant à travers les cavités et promontoires de son esprit bien avant qu'elles ne surgissent dardantes du tunnel de sa bouche. Elle le voyait souffrir au-dedans de lui et le laissait dire sans répondre. Alors elle mesura pour lui un petit temps qu'elle mit de côté.

Au magasin les choses ne firent qu'empirer. Plus son dos le faisait souffrir et ses muscles se dissolvaient en graisse et la graisse faisait fondre ses os, plus il devenait hargneux envers Janie. Surtout dans le magasin. Plus il y avait de monde et plus il déversait de railleries sur son corps à elle, afin de détourner l'attention du sien. Et donc un jour Steve Mixon était venu prendre son tabac à chiquer et Janie l'avait mal tranché. N'importe comment elle détestait ce couteau à tabac. Bien trop dur à manier. Elle s'empêtra dans son geste et finit par trancher à côté de la marque d'entaille. Mixon ça lui était égal. Il brandit le morceau de tabac pour blaguer et taquiner un peu Janie.

« Gardez voir ça, Broda Maire, la chose ici que votre dame elle est allée me faire. » Le morceau avait une drôle de forme, alors tout le monde avait ri. « Une femme et un couteau, aucune spèce de couteau, ça convient pas ensemble. » Il y eut encore une bordée de rires bon enfant aux dépens des femmes.

Jody lui ne rit pas. Il quitta avec empressement le coin bureau de poste et vint arracher des mains de Mixon la chique de tabac pour la trancher à nouveau. La trancher exactement au niveau de la marque d'entaille avec un regard furieux en direction de Janie.

« Eï Dieu puissant ! Une femme aux entours d'un magasin jusqu'à être vieille comme Méthusalem et ça peut toujours pas me couper une tite chose comme du tabac de chique ! Reste pas là me rouler tes yeux ronds de même avec ton postère qui pend jusqu'on dirait tes genoux ! »

Il y eut comme une amorce de grand rire dans le magasin mais aussitôt les gens se ravisèrent et tout s'arrêta. C'était drôle si on y regardait vraiment vite, mais décidément minable si on prenait le temps d'y réfléchir un peu. Comme si quelqu'un venait arracher ses vêtements à une femme en profitant d'un instant d'inattention de sa part au milieu d'une rue grouillante de monde. Et puis là, Janie s'était avancée au centre de la pièce pour s'adresser à Jody droit dans les yeux, chose qui jusque-là ne s'était encore jamais produite.

« Cesse d'emmêler comment je fais les choses avec comment j'ai l'air, Jody. Quand t'auras fini de m'espliquer comment c'est qu'on coupe du tabac de chique, après ça tu pourras venir me dire si mon derrière est droit ou pas.

— Qu... qu'est-c'est que tu dis là, Janie ? Tu dois pas avoir toute ta tête.

— Naaan, j'ai toute ma tête certain.

— On dirait pas. Parler dans un langage de même !

— C'est toi qu'as commencé à venir parler sous les habits des gens. Pas moi.

— Qu'est-ce qu'y se passe avec toi, à part de ça ? T'es pas aucune jeunette que tu doives te sentir insultée à propos de quoi t'as l'air. T'es plus une première jeunesse de gal qu'on courtise. T'es déjà toute une vieille à présent, proche quarante.

— Ouais, moi j'ai proche quarante et toi t'as déjà eu

passé tes cinquante. Comment y se fait que tu peux pas parler de ça de temps à autre à la place de venir me pointer moi ?

— Ça sert de rien que tu te mettes en foule rage, Janie, juste à cause que je dis que t'es plus une gal toute jeunette. Y a pas personne ici qu'est en train de te chercher comme femme. Toute vieille comme t'es.

— Naaan, je suis plus une gal toute jeunette certain mais je suis pas une toute vieille non plus. Me figure ça que j'ai l'air mon âge à moi. Mais je suis toute une femme dans chaque ti pouce qu'y a en moi, et ça je le sais. Et c'est un plein tas de fois plusse que toi tu peux dire. À pousser ta grosse panse au-devant d'ici et faire ton vantard en s'y vous plaît, sauf qu'y a rien d'autre en derrière que ta grosse voix. Mmmpff ! Soi-disant que moi j'ai l'air d'une vieille ! Et quand c'est que tu descends ta culotte, toi on dirait du revenu d'âge.

— Grand Dieu de Sion ! s'étrangla Sam Watson. Vous autres à soir vous joutez l'insulte en douzaine.

— Qu… Qu… Qu'est-ce t'as dit là ? demanda Joe, priant que ses oreilles l'aient trahi.

— Tu l'as entendue, t'es pas blindé, railla Walter.

— Moi j'aimerais mieux ça qu'on me cribbe avec des clous qu'entendre dire ça de ma propre personne », s'apitoya Lige Moss.

C'est alors que Joe Starks vit apparaître tous les sens de la repartie et sa vanité se mit à saigner à flots. Janie venait de le délester de cette illusion d'irrésistible masculinité que tous les hommes chérissent, et c'était atroce. À David, la fille de Saül l'avait fait. Mais Janie avait fait bien pire, elle avait jeté bas son armure vide devant ces hommes et ils avaient ri, continueraient de rire. Plus tard quand il ferait étalage de ses possessions, ils ne verraient plus les deux parties comme un tout. Ils contempleraient avec envie les choses et avec pitié l'homme qui les possède. Et quand, assis, il rendrait jugement, ce serait pareil. Des bonriennneries comme Dave et Lum et Jim ne voudraient même pas échanger leur place contre la sienne. Car qu'est-ce qui peut excuser aux yeux des autres hommes l'absence de puissance d'un homme ? Des petits morveux au derrière loqueteux de seize dix-sept ans lui adresseraient du regard leur pitié implacable tout en laissant leur bouche articuler quelque parole d'humilité. Il n'y avait plus rien à attendre de la vie. Toute ambition était vaine. Et cette cruelle trahison de Janie ! Toute cette ostentation d'humilité quand depuis le début elle le méprisait ! Riait de lui, et maintenant incitait la ville entière à faire de même. Joe Starks ne savait pas les mots pour le dire, mais il savait le ressentiment. Alors il frappa Janie de toutes ses forces et la chassa du magasin.

8.

À compter de cette nuit-là Jody déménagea ses affaires pour aller dormir dans une chambre du bas. Ce n'était pas exactement qu'il haïssait Janie, mais il voulait qu'elle le pense. Il avait rampé là-bas pour lécher ses plaies. Au magasin non plus ils ne se parlaient pas vraiment. À ceux qui ne les connaissaient pas ils pouvaient laisser croire que les choses s'étaient accalmies, tout paraissait si tranquille et paisible. Mais cette immobilité était le sommeil des épées. Et il y aurait de nouvelles pensées à penser et de nouveaux mots à dire. Elle ne voulait pas vivre ainsi. Pourquoi fallait-il que Joe lui en veuille à ce point de l'avoir rabaissé aux yeux de tous alors que lui la rabaissait tout le temps ? La rabaissait depuis des années. Très bien, si vraiment il fallait qu'elle mange avec une cuillère à long manche, elle le ferait. Qui sait, Jody pourrait bien à tout moment rompre cette rage où il était pris et recommencer à se conduire comme du monde avec elle.

Et puis elle avait remarqué comme Jody se faisait toujours plus bouffi de partout. Comme des sacs suspendus à une planche à repasser. Un petit sac lui pendait au coin des yeux et lui tombait sur les pommettes ; un sac plutôt lâche et duveteux lui pendait aux oreilles et lui tombait dans le cou juste sous le menton. Une sacoche de chose flasque pendait à ses reins et lui tombait sur les cuisses quand il s'asseyait. Et au fil du temps tout cela finissait par dégouliner de lui comme de la cire à chandelle.

Il nouait de nouvelles alliances, aussi. Des gens dont il ne s'était jamais soucié semblaient d'une manière ou d'une autre avoir maintenant son oreille. Il avait toujours méprisé les guérisseurs et toute cette engeance, mais il voyait désormais ce charlatan des environs d'Altamonte Springs, qui venait rôder chez eux presque tous les jours. À baisser la voix dès qu'elle approchait, ou se taire d'un coup. Elle ne savait pas que ce qui animait Jody n'était plus que l'espoir désespéré de faire réapparaître aux yeux de sa femme son corps du temps d'avant. La présence du guérisseur la chagrinait car elle craignait que Joe ne compte sur cette crapule pour se rétablir alors que ce dont il avait besoin c'était d'un docteur, et d'un bon. Elle s'inquiétait de ce qu'il ne prenne plus ses repas, jusqu'au jour où elle découvrit qu'il avait demandé à la vieille Mrs. Davis de cuisiner pour lui. Janie savait qu'elle était meilleure cuisinière que la vieille, et qu'elle tenait plus propre sa cuisine. Alors elle lui acheta du bœuf à l'os et lui en fit une soupe.

« Naaan, te remercie, lui dit-il sèchement. J'ai déjà assez de peine à essayer de me remettre d'aplomb. »

D'abord elle en fut éberluée, et ensuite blessée. Alors aussitôt elle se rendit auprès de son amie de cœur, Pheoby Watson, pour lui raconter.

« J'aimerais mieux ça mourir que Jody s'en alle penser que moi je lui veux du mal, dit-elle à Pheoby dans un sanglot. Ç'a pas toujours été plaisant, vu que tu sais comme Joe vénère le travail qu'y fait avec ses mains, mais le Dieu du ciel là-haut y sait bien qu'y a pas aucune chose que j'irais jamais faire pour faire du mal à personne. C'est trop fourbe et méchant.

— Janie, moi je me figurais que peutête la chose allait se dépiauter et tu saurais pas jamais rien dessus, mais depuis la grande embrouillerie au magasin y se chante aux entours que Joe aurait été arrangé et que c'est toi qu'aurais fait ça.

— Pheoby, vlà un long boutte que je sens ce quèque chose qu'on m'a mis pour leurre d'appât, mais ça... ça c'est... c'est... oh Pheoby ! Qu'est-c'est que je peux faire ?

— Tu peux juste faire comme si tu sais pas. C'est trop tard maintenant pour vous autres de vous laisser pour aller vous divorcer. Tu vas juste rentrer chez toi et t'asseoir sur ton royal pétrustrain et rien dire. Y a personne qui peut croire dans cette histoire à part de ça.

— De penser que moi chuis restée vingt années avec Jody et maintenant faut que je les laisse me coller le nom de sa poisonneuse ! Ah chuis au bord que ça me tue, Pheoby. Dans mon cœur y a rien que du chagrin qui s'acharne après du chagrin.

— C'est des menteries tout ça que cette raclure de nègue qui s'appelle soi-même un docteur à deux têtes a ramené à Jody, juste pour se mettre bien avec lui. L'a bien vu qu'y était malade – tout le monde sait ça depuis toujours, et je me figure qu'il a dû entendre que vous autres vous seriez d'embrouillerie, fait qu'il a pris sa chance. L'été passé l'autre cafard multiplié était encore aux entours d'ici à essayer de nous vendre des siffleux !

— Pheoby, moi je crois même pas que Jody y croit à cette menterie. Certain qu'il a pas jamais pris part dans leur pagaille. Y veut juste faire semblant rien que pour me faire du mal. Chuis comme raide morte de rester là sans rien faire à me forcer de sourire. »

Les semaines suivantes elle pleura souvent. Joe devint trop faible pour s'occuper des affaires et dut se résoudre à prendre le lit. Mais à Janie il interdisait obstinément l'accès à sa chambre de malade. Les gens allaient et venaient dans la maison. Tel ou telle entrait avec un bol de bouillon ou d'autres nourritures d'alitement sans même faire mine de lui prêter attention, à elle la femme de Joe. Des gens qui n'avaient jamais eu idée de ce que c'était que passer la barrière du jardin de chez Mister Maire, à moins que ce fût pour effectuer quelque tâche subalterne, allaient maintenant se pavanant ici ou là et se prétendaient ses confidents. Ils venaient au magasin observer avec ostentation tous les faits et gestes de Janie puis retournaient à la maison faire leur rapport à Jody. Disant des choses comme « Miste Starks y nécessite quelqu'un pour prendre soin de lui jusqu'à tant qu'y soye remis sur ses pieds et qu'y puisse reprendre soin de lui-même. »

Mais Jody ne devait jamais plus se remettre sur pied. Janie pria Sam Watson de lui donner des nouvelles de la chambre du malade, et quand il lui confia où en étaient les choses, elle le pria d'aller chercher un docteur d'Orlando sans donner à Joe la possibilité de refuser, et sans lui dire que c'était elle qui l'avait fait appeler.

« C'est qu'une question de temps, lui dit le docteur. Quand un homme a des reins qui ne veulent plus du tout faire leur travail, il n'a aucune chance de survivre. Voilà deux ans qu'il aurait dû recevoir des soins. Maintenant c'est trop tard. »

Alors Janie se mit à penser à la Mort. La Mort, cet être étrange aux énormes orteils carrés qui vivait loin là-bas vers l'Ouest. Cette immensité qui vivait dans une maison droite comme une plateforme sans cloisons, ni toiture. Quel besoin la Mort avait-elle de vivre à couvert ? Quels vents pouvaient se déchaîner contre elle ? Elle se tient dans sa maison haute qui surplombe le monde. Se tient aux aguets sans bouger tout le jour, l'épée dégainée pointant derrière, attendant que le messager l'invite à le suivre. Se tient là depuis le temps d'avant même qu'il existe un où, un quand, ou un alors. Janie d'un jour à l'autre s'attendait à ramasser une plume tombée de ses ailes au milieu de son jardin. Elle était triste et terrifiée aussi. Pauvre Jody ! Il ne devrait pas avoir à lutter tout seul là-dedans. Elle envoya Sam lui suggérer d'accepter une visite, mais Jody répondit non. Ces docteurs en médecine c'était juste bon pour ceux qui sont malades par la main de Dieu, mais ils n'avaient pas moindrement idée d'un cas comme le sien. Il irait parfaitement bien dès l'instant où l'homme à deux têtes aurait trouvé la chose qu'on avait enterrée contre lui. Il n'allait pas mourir, pas du tout.

Ça c'était ce que Jody pensait. Mais Sam avait dit tout autre chose à Janie, et elle avait su. Et quand bien même il n'aurait rien dit, dès le lendemain matin elle aurait su, car des gens commencèrent à se rassembler dans le grand jardin sous les palmiers et les lilas de Perse. Des gens qui jusque-là n'auraient jamais osé mettre les pieds dans ce jardin s'y faufilaient maintenant sans pourtant aller jusque dans la maison. Se contentaient de s'accroupir sous les arbres pour attendre. La rumeur, ce grand oiseau sans ailes, avait drapé la ville de son ombre.

Elle se leva ce matin-là avec la ferme intention d'entrer dans la chambre pour enfin avoir une bonne conversation avec Jody. Mais d'abord elle resta longtemps assise à sentir les murs se refermer sur elle. Quatre murs lui étranglant le souffle. La peur qu'il ne trépasse tandis qu'elle restait assise à trembler à l'étage lui rendit courage et elle fut à l'intérieur de la chambre avant même d'avoir repris son souffle. Elle ne se lança pas sur le ton désinvolte et enjoué qu'elle s'était préparée à prendre. Quelque chose comme un sabot de bœuf lui écrasait la langue, et puis Jody, non Joe, lui lança un regard féroce. Un regard empli de toute l'impensable froideur de l'espace intersidéral. Il lui fallait parler à un homme qui se trouvait à dix immensités d'elle.

Il était couché sur le côté faisant face à la porte comme s'il attendait quelqu'un ou quelque chose. Comme une expression changeante au visage. L'air faible mais autour des yeux quelque chose d'affûté pointu. À travers la mince courtepointe elle devinait ce qui restait de son ventre et qui se blottissait contre lui sur le lit comme une pauvre chose sans défense cherchant à s'abriter.

Les draps à moitié propres heurtèrent sa fierté, au nom de Jody. Lui qui avait toujours été si soucieux de netteté.

« T'es venue pour faire quoi ici, Janie ?

— Chuis là pour voir où t'en es et comment tu te portes. »

Il émit un grognement de basse pareil à celui d'un pourceau agonisant au fond de la mangrove et qui s'efforce d'éloigner l'importun. « Chuis ici pour me mettre à l'abri de toi mais ç'a l'air que ça marche pas. Sors-toi de là. Je nécessite du repos.

— Naaan, Jody, je suis venue ici c'est pour parler avec toi et c'est ça que je vais faire. C'est pour le bien de toi et moi ensemble que je parle. »

Il émit un autre gargouillis terreux et tout doucement se fit basculer sur le dos.

« Jody, peutête que moi j'étais pas une si bonne femme pour toi, mais Jody…

— Ça c'est pasque t'as jamais eu de sentiment correct pour personne. Faudrait ça que tu sentes un peu de compassion pour ta propre personne. T'es pas un pourceau.

— Mais, Jody, moi je voulais rien mieux qu'être gentille.

— Tout ça que j'ai eu fait pour toi. Et me prendre en mépris. Pas aucune compassion !

— Naaan, Jody, c'est pas aucunement que j'avais pas de compassion. J'en avais plein au baquet. Juste que moi on m'a pas jamais laissé la chance d'en faire moindrement usage. Tu m'as pas laissé, Jody.

— C'est ça, mets-y moi tout le blâme au dos. Que moi je voulais pas te laisser montrer tes sentiments ! Alors que, Janie, c'est tout ce que j'ai jamais voulu ou désiré. Et maintenant tu viens me blâmer !

— C'est pas ça, Jody. Je viens pas pour blâmer personne ici. Moi chuis juste en train d'essayer de te faire savoir quelle sorte de personne je suis avant que ça soye trop tard.

— Trop tard ? » articula-t-il dans un souffle.

Ses yeux se révulsèrent en une terreur de bouche béante et elle lut sur son visage l'expression de son effroyable surprise et elle y répondit.

« C'est ça, Jody, m'en fiche pareil de toutes les choses que l'autre cafard multiplié est venu te conter ici pour te prendre ton argent, tu vas mourir et tu peux plus vivre. »

Un profond soupir s'échappa de la frêle carcasse de Jody. Comme un roulement de grosse caisse dans un poulailler. Puis un son plus haut perché comme quand on tire sur un trombone.

« Janie ! Janie ! Me dis pas ça que je vais mourir, que moi je suis pas habitué à l'idée de penser ça.

— T'étais vraiment pas forcé de mourir, Jody, si c'était que t'avais eu voulu du docteur – mais ç'a pas d'allure de ramener ça maintenant. C'est juste ça que je voulais dire, Jody. Toi tu voulais pas écouter. T'as eu vécu vingt années avec moi et tu connais même pas la moitié de qui je suis. Et t'aurais pu mais t'étais si tant occupé à vénérer le travail que tu fais avec tes propres mains, et calotter le monde aux entours de leur esprit, que t'as même pas vu un plein tas de choses que t'aurais pu.

— Quitte-toi de là, Janie. Viens pas ici à…

— Je savais ça que tu voudrais pas m'écouter. Tu veux changer tout mais y a rien qui peut te changer toi – même pas la mort. Mais je vais pas sortir d'ici et je vais pas me taire. Naaan, tu vas faire ça m'écouter au moins une fois avant que tu soyes mort. Faire ta façon toute ta vie, et fouler et broyer tout sous toi, et après ça mourir plutôt que te laisser toi-même entendre ça. Écoute, Jody, t'es pas le Jody que moi je me suis enfuie sur la route avec. T'es le restant de lui après qu'y est mort. Me suis enfuie c'était pour me mettre en maison avec toi dans une manière merveilleuse. Mais toi t'étais pas satisfait de moi de la manière que j'étais. Naaan ! Mon esprit à moi fallait qu'y se tasse et qu'y se pousse pour faire de la place à ton esprit à toi en-dans de moi.

— Tais-toi ! Je voudrais ça que le tonnerre et la foudre en même temps te tuent !

— Je sais. Et maintenant faut ça que tu viennes à mourir pour apprendre que tu dois pacifier une autre personne que ta propre personne si tu veux prendre un peu d'amour et de compassion dans ce monde. T'as pas jamais essayé de pacifier personne d'autre que toi-même. Trop occupé à écouter ta propre grande voix.

— Tout ça de parleries à me déchirer ! souffla Joe tandis que lui suintaient des gouttelettes de sueur partout sur le visage et les bras. Sors-toi d'ici !

— Tout ça de courbettes, tout ça d'obéissance à ta voix – c'était pas pour découvrir ça que moi chuis partie me jeter sur la route avec toi. »

Un bruit de querellaillerie monta de la gorge de Jody, mais ses yeux fixaient sans le vouloir un recoin de la pièce et Janie comprit que la futile querelle ne la concernait pas. L'épée glacée de l'être aux orteils carrés venait de lui trancher le souffle et abandonnait ses mains à leur expression d'atroce récrimination. Janie les mit à reposer en paix sur sa poitrine, puis longuement elle examina le visage mort.

« De s'asseoir dans la chaise de commandement Jody ça l'a esquinté », marmotta-t-elle. Elle se sentait emplie de pitié pour la première fois depuis des années. Oui Jody avait été dur avec elle et d'autres, mais la vie n'avait pas été tendre avec lui non plus. Pauvre Joe ! Si elle avait su adopter une autre manière d'être, peut-être aurait-il maintenant un visage différent ? Mais ce que pouvait être cette autre manière, elle n'en savait rien. Elle songea encore et encore à ce qui avait pu se passer pour que d'un homme on vînt à faire une voix. Et puis elle songea à elle-même. Des années auparavant, elle avait demandé à la jeune fille qu'elle était alors de l'attendre dans le miroir. Cela faisait un moment qu'elle n'y avait plus repensé. Elle ferait bien d'aller voir. Elle alla à la commode et là elle examina scrupuleusement sa peau et ses traits. La jeune fille était partie, mais à sa place s'était installée une belle femme. Elle arracha le fichu de sa tête et dénoua son abondante chevelure. Le poids, la longueur, la splendeur étaient là. Elle se passa minutieusement en revue, puis elle coiffa ses cheveux au peigne avant de les renouer. Ensuite elle amidonna et repassa son visage, lui modela exactement l'apparence qu'on lui voulait voir, et ouvrant la fenêtre elle s'écria, « Venez tous ! Jody est mort. Mon mari m'a été pris. »

9.

Les funérailles de Joe furent la plus belle chose que le comté d'Orange eût jamais vue d'yeux de nègre. Le corbillard motorisé, le cortège des Cadillac et des Buick ; Dr. Henderson dans sa Lincoln là-bas ; les invités venus de toutes parts, et lointaines. Et puis aussi l'or et le rouge et la pourpre, la liesse et le lustre des ordres occultes, chacun avec ses insinuations de puissance et de gloire que les non-initiés n'auraient jamais même rêvées. Des gens sur leurs chevaux de trait ou leurs mules ; des bébés à califourchon sur le dos de leurs frères et sœurs. La fanfare des Elks alignée devant les portes de l'église jouant *Safe in the Arms of Jesus* sur un rythme de percussion si marqué qu'il était aisé d'en battre la mesure d'un pas vif parmi la longue file qui s'instillait à l'intérieur. Le Petit Empereur de la croisée des chemins quittait le comté d'Orange comme il était arrivé – sur la main tendue du pouvoir.

Janie ayant amidonné et repassé son visage vint assister aux funérailles tout apprêtée derrière son voile. Comme derrière un mur de pierre et d'acier. Les funérailles se déroulaient dehors. Tout ce qui concernait la mort et l'inhumation fut dit et accompli. Terminé. Fini. Jamais plus. Ténèbres. Grand trou. Dissolution. Éternité. Tous sanglots et gémissements dehors. À l'intérieur de ces coûteux plis d'étoffe noire il y avait la résurrection et la vie. Janie ne passa pas la tête au-dehors pour attraper quoi que ce soit, et les choses de la mort ne vinrent pas davantage passer leur tête au-dedans pour troubler son calme. Elle envoya son visage assister aux funérailles de Joe, et pour sa part elle s'en alla batifoler à travers le printemps du monde. Et quand les gens en eurent fini avec leur célébration Janie rentra chez elle.

Avant de se coucher cette nuit-là elle brûla un à un tous ses fichus et le lendemain matin dans la maison elle vaqua à ses occupations coiffée d'une seule natte épaisse qui se balançait bien en dessous de sa taille. Ce fut l'unique changement que les gens notèrent en elle. Elle continua de tenir le magasin comme toujours, à l'exception des soirées où elle s'asseyait sur la véranda à écouter les gens, ayant chargé Hezekiah de s'occuper de la dernière clientèle. Elle ne voyait aucune raison de se précipiter pour changer les choses. Elle avait maintenant tout le reste de sa vie pour faire comme il lui plairait.

Elle passait le plus clair de ses journées au magasin, mais à la nuit tombée elle se retrouvait dans la grande maison qui parfois grinçait et geignait jusqu'au matin sous le poids de la solitude. Ensuite elle restait allongée dans son lit à inonder la solitude de ses questions. Elle lui demandait si elle avait envie de retourner à l'endroit d'où elle venait pour essayer de retrouver sa mère. Peut-être s'occuper de la tombe de sa grand-mère. Aller comme qui disait jeter un œil à ce que devenaient ses coins favoris. À force de fouiller ainsi au-dedans d'elle-même elle découvrit que cette mère si rarement vue ne l'intéressait aucunement. Elle haïssait sa grand-mère et toutes ces années durant elle se l'était caché sous un manteau d'apitoiement. Elle n'avait fait que se préparer à son grand voyage vers les horizons, en quête des gens ; il était important pour le monde entier qu'elle parvienne à les trouver et qu'eux parviennent à la trouver. Mais on l'avait fouettée comme un sale cabot, et rejetée le long d'une route secondaire à la poursuite des choses. Tout dépendait de la manière dont on voyait le monde. Certaines personnes pouvaient contempler une mare de boue et y voir un océan où voguent les bateaux. Mais Nanny appartenait à cette autre catégorie de gens qui n'aimaient rien tant que s'accommoder des restes. Voilà que Nanny avait pris la plus grande chose que Dieu eût jamais faite, l'horizon – car aussi loin que l'on puisse se rendre l'horizon sera toujours encore plus loin devant – et l'avait ratatiné en cette toute petite chose tellement fine qu'elle avait pu la nouer autour du cou de sa petite-fille en serrant assez pour l'étrangler. Elle haïssait la vieille femme qui l'avait ainsi entortillée au nom de l'amour. N'importe comment la plupart des êtres humains ne s'aimaient pas, et cet anamour était si puissant que même les liens du sang ne parvenaient pas toujours à triompher de lui. Elle avait trouvé tout au fond d'elle une pierre précieuse, et elle avait eu envie de s'avancer là où tous pourraient la voir pour la faire scintiller à la ronde. Mais on l'avait mise à la vente sur la place du marché. Mise là comme leurre d'appât. Lorsque Dieu avait fait l'Homme, il l'avait fait d'une étoffe qui en tout temps chantait et de toutes parts chatoyait. Après cela des anges jaloux l'avaient lacéré en des millions de petits morceaux, mais malgré tout il continua de chatoyer et fredonner. Alors ils l'avaient roué de coups jusqu'à ce qu'il n'en reste que des étincelles mais en chacune de ces petites étincelles subsistèrent une lueur et un chant. Alors ils avaient recouvert chacune d'elles de boue. Et la solitude en chaque étincelle fit qu'elles se lancèrent toutes à la poursuite les unes des autres, mais la boue est sourde et muette. Comme chacune de ces bondissantes billes de boue, Janie avait essayé de briller de sa propre lueur.

Janie n'allait pas tarder à découvrir que son veuvage et ses biens étaient la grande affaire de toute la Floride du Sud. Jody n'était pas mort depuis un mois que déjà elle remarqua comme tous ces hommes qui n'avaient jamais été de ses intimes parcouraient des distances considérables pour venir s'enquérir de son bien-être et lui offrir leurs services et conseils.

« Une femme laissée à toute seule c'est une chose regrettante, s'entendait-elle dire encore et toujours. Y leur faut ça de l'aide et de l'assistance. Dieu a pas jamais eu en idée de les laisser rester à toutes seules. Vous êtes pas habituée de débrouiller et faire les choses par vous-même, Miz Starks. On a toujours pris grand bon soin de vous, y vous faut un homme. »

Janie en riait bien, de toutes ces bonnes âmes charitables ; parce qu'elle savait pertinemment que ces hommes connaissaient beaucoup d'autres femmes seules ; et qu'elle n'était pas la première qu'ils eussent jamais vue. Sauf que les autres pour la plupart étaient pauvres. Et puis cette solitude nouvelle la changeait pour le mieux. Ce sentiment de liberté lui allait bien. Ces hommes ne représentaient rien qu'elle eût envie de connaître. Elle avait déjà eu affaire à eux au travers de Logan et Joe. Elle avait même envie d'en gifler certains à force de les voir toujours assis à lui sourire de toutes leurs dents comme une bande de chats du Cheshire, s'échinant à la convaincre qu'ils étaient l'amour incarné.

Ike Green comme ça était venu se pencher très sérieusement sur son cas un soir où il avait eu la chance de la trouver seule sur la véranda du magasin.

« Vous voulez ça être bien regardante de qui vous allez marier, Miz Starks. Avec tous ces étrangers qui se pressent à courir ici pour essayer de tirer avantage de votre condition.

— Me marier ! avait pratiquement hurlé Janie. Joe est même pas encore froid. J'ai même pas moindrement accordé aucune pensée à ça !

— Mais ça va venir. Vous êtes une femme trop jeune pour rester dans le célibat, et vous êtes trop jolie pour que les hommes y vous laissent à rester seule. Vous allez vous marier certain.

— Moi j'espère que non ! Je veux dire, ici présentement ça me vient même pas au-devant de l'idée. Joe y a pas deux mois qu'y est mort. Même pas encore installé dans son tombeau.

— C'est ça que vous dites maintenant, mais encore deux mois et vous allez nous chanter une autre ritourne. Et là faudra ça être bien regardante. Les femmes c'est facile de tirer avantage de leur acabit. Savez qu'y faut pas aucunement laisser un seul de ces nègues errants qui s'assoyent ici vous tenir la corde. Y sont juste rien qu'une bande de pourceaux comme quand y viennent à reluquer une auge pleine. Ce que vous avez besoin vous c'est un homme que vous avez eu pratiqué proche et que vous savez tout sur lui pour comme qui disait vous débrouiller de vos affaires à vous et comme y faut en général. »

Janie sauta sur ses pieds. « Loawd, Ike Green, vous êtes un cas de par exemple ! Ce sujet que vous amenez là c'est pas moindrement convenable qu'on soye à parler de ça. Laissez-moi que je m'en alle en-dans voir à aider Hezekiah pour peser ce baril de sucre qui vient juste de rentrer. » Elle se précipita à l'intérieur et glissa à l'oreille d'Hezekiah : « Moi je m'en vais à la maison. Laisse-moi savoir quand l'autre vieux pisse-en-lit sera parti et après ça je retourne sitôt de suite. »

Six mois passèrent à porter du noir et pas un seul prétendant n'obtint d'accéder à la véranda de la maison.

De temps à autre Janie bavardait et riait au magasin, mais jamais elle ne semblait vouloir pousser plus loin. Elle était heureuse mais il y avait le magasin. Elle savait dans sa tête qu'elle en était l'absolue propriétaire, mais elle avait toujours l'impression de n'être que l'employée de Joe et qu'il allait bientôt débarquer pour s'apercevoir qu'elle avait encore fait une chose de travers. La première fois qu'elle avait collecté les loyers elle avait failli s'en excuser auprès des locataires. Avait eu le sentiment d'être une usurpatrice. Mais elle masqua ce sentiment en envoyant à sa place Hezekiah, qui était la meilleure imitation de Joe que ses dix-sept années pouvaient produire. Il s'était même mis à fumer, à fumer des cigares, depuis que Joe était mort, et il faisait de son mieux pour les caler au coin de sa bouche, mordus serrés comme Joe. À la moindre occasion on le trouvait enfoncé dans le fauteuil pivotant de Joe à s'efforcer de pousser son ventre maigrichon en avant pour s'en faire une bedaine. Elle s'amusait doucement de ses gentilles simagrées et faisait semblant de ne rien voir. Un jour qu'elle était entrée par la porte du fond elle l'avait surpris à houspiller Tripp Crawford, « Naaan, c'est en plein ça, on peut pas rien faire de la sorte ! Eï Dieu, mais vous avez core rien payé pour ces quèques rations que vous avez déjà eu mangées toutes. Eï Dieu, vous allez rien prendre de plusse dans ce magasin que vous avez assez d'argent pour payer. Eï Dieu, la place ici c'est pas Donnessa-en-Floride, ici c'est Eatonville. » Une autre fois elle l'avait entendu utiliser une expression dont Joe se délectait quand il voulait se démarquer du reste de la ville et de ses nonchalants bagueuleurs. « Moi chuis un homme qu'a de l'instruction, mes arrangements je les garde dans ma propre main. » Cette fois elle avait carrément ri. Mais il ne faisait de mal à personne et elle n'aurait pas su quoi faire sans lui. Il le sentait bien et en vint à la traiter comme sa petite sœur, comme pour dire « Pauvre tite chose, donne ça à grand frère. Y va arranger ça pour toi. » Son sens de la propriété faisait de lui quelqu'un d'honnête, à l'exception d'un bonbon à sucer ici ou là, ou d'un sachet de Sen-Sen. Le Sen-Sen, c'était pour laisser croire aux autres jeunes gens et aux poulettes qu'il avait une haleine alcoolisée à masquer. Cette affaire de tenir et un magasin et une femme propriétaire de magasin, ça vous mettait à rude épreuve les nerfs d'un homme. Il avait besoin d'un petit coup de remontant de temps en temps.

Lorsque Janie émergea en deuil blanc, elle eut foule d'admirateurs dans la ville et ailleurs. Tout ça très ouvert et direct. Et des hommes de bien dans la horde, mais aucun ne semblait passer le stade du magasin. Elle était toujours trop occupée pour les recevoir chez elle. Ils étaient tous si respectueux et empruntés, à croire qu'elle était l'impératrice du Japon. Ils ne trouvaient pas convenable de parler de désir à la veuve de Joseph Starks. Ça parlait honneur et ça parlait respect. Et tout ce qu'ils disaient et tout ce qu'ils faisaient s'en allait se réfracter dans son indifférence pour se perdre au bord des ossements du néant. Pheoby Watson et Janie se rendaient visite à tour de rôle et quelquefois elles allaient pêcher ensemble au bord des lacs. Janie la plupart du temps savourait sa liberté sans même y penser. Un croque-mort de Sanford lui faisait la cour par l'entremise de Pheoby, et Janie écoutait gracieusement mais sans se laisser troubler. Se marier avec lui, pourquoi pas. Rien qui presse. Ce genre de choses il fallait se laisser le temps de les méditer, ou plutôt c'est ce qu'elle laissait Pheoby croire.

« C'est pas que chuis à ruminer la mort de Joe, Pheoby, c'est juste j'adore cette liberté ici maintenant.

— Tss-tss-tss ! Laisse pas personne t'entendre dire ça, Janie. Les gens vont aller dire que t'es pas chagrin qu'y soye plus de ce monde.

— Le monde a qu'à dire les choses qu'y veulent, Pheoby. Moi mon avis c'est que le deuil doit pas durer plus long que le temps de la peine. »

10.

Un jour Hezekiah demanda à s'absenter du travail pour accompagner l'équipe de baseball. Surtout qu'il ne se presse pas de rentrer, lui dit Janie. Elle fermerait le magasin elle-même pour cette fois. Il lui expliqua comme il faut pour les loquets des portes et fenêtres et s'en fut crâneur rejoindre Winter Park.

Le commerce fut poussif toute la journée longue, parce qu'un grand nombre d'habitants s'en étaient allés au match. Elle décida de fermer tôt – à quoi bon rester ouvert par un après-midi pareil. Elle ne pousserait pas au-delà de dix-huit heures.

À dix-sept heures trente un grand gaillard fit son entrée. Janie était penchée au-dessus du comptoir et griffonnait oisivement au crayon de bois sur un bout de papier d'emballage. Elle ne savait pas son nom, mais son allure lui disait quelque chose.

« Soir, Miz Starks », lança-t-il avec un grand sourire narquois, comme s'ils venaient juste d'échanger un bon mot. Avant même d'avoir rien entendu elle était déjà toute acquise à l'histoire qui le rendait si hilare.

« Soir, répondit-elle amicablement. Vous avez tout l'avantage de votre bord, vu que moi je sais même pas votre nom.

— Les gens y peuvent pas me connaître comme y vous connaissent vous.

— Ça j'ai idée que se tenir dans un magasin de même

ça serait une chose qui fait qu'une personne soye connue au voisinage. Me paraît que je vous ai déjà vu en quèque part.

— Oh c'est que j'habite pas plus loin qu'Orlando. Chuis facile à voir sur Church Street la plupart des jours et des nuits. Vous avez ça du tabac à fumer ? »

Elle ouvrit la vitrine.

« Quelle sorte ?

— Camel. »

Elle lui tendit les cigarettes et prit l'argent. Il ouvrit le paquet et s'en colla une entre les lèvres, qu'il avait pleines et pourpres.

« Vous avez un brin de feu à vos abords, tite madame ? »

Ils rirent en chœur et elle prit dans une boîte deux allumettes qu'elle lui tendit. Il était temps pour lui de prendre congé mais il n'en faisait rien. Il s'accouda au-dessus du comptoir et lui décocha une œillade à la clouer sur place.

« Comment ça se trouve que vous êtes pas au match, vous aussi ? Que tout le monde y sont là-bas.

— Bah, j'en vois un autre à part moi ici qu'est pas là-bas. Que moi je viens juste de lui vendre des cigarettes. »

Ils partirent à rire encore.

« Ça c'est pasque chuis rien qu'un idiot. Me suis tout embrouillé les choses. Me figurais ça que le match y se jouait à Hungerford. Alors j'ai pris une occasion pour me faire déposer là où c'est que la route elle vire sur Dixie Highway et j'ai marché jusqu'ici et c'est ici maintenant que j'ai appris comme quoi le match se joue à Winter Park. »

Tous deux trouvèrent cela bien amusant aussi.

« Puis donc vous allez faire quoi maintenant ? Toutes les autos d'Eatonville elles sont parties.

— Et si je vous bravais aux dames ? Vous avez l'air pas facile à gagner.

— Ça se peut, vu que je sais même pas jouer du tout.

— Donc alors c'est que vous aimez pas jouer, ou bien ?

— Si, j'aime, mais ça se trouve je sais même pas si j'aime ou j'aime pas, vu qu'y a personne qui m'a jamais montré comment.

— C'est votre dernier jour pour me servir une escuse de la sorte. Vous avez ça une planche à dames par ici ?

— Oui certain. Les hommes d'ici y ont le goût à jouer. Moi c'est juste que j'ai jamais appris. »

Il disposa les pièces et commença à lui montrer et elle se sentit rayonner en dedans. Quelqu'un avait envie qu'elle joue. Quelqu'un trouvait naturel qu'elle joue. Et c'était très charmant même. Elle examinait avec minutie cet homme et chacune de ses qualités faisait monter en elle un frisson. Ces grands yeux paresseux aux cils recourbés comme des cimeterres effilés. Les épaules dessinées et musclées, la taille étroite. Très charmant même !

Voilà qu'il lui prenait sa dame ! Elle s'exclama avec véhémence, bien décidée à ne pas se laisser rafler cette dame qu'elle avait eu tant de mal à acquérir. Et sans même s'en apercevoir elle avait déjà attrapé sa main pour l'en empêcher. Il s'efforça galamment de se dégager de l'étreinte. C'est-à-dire qu'il s'efforça, mais pas au point de s'arracher d'entre les doigts d'une dame.

« J'ai le droit de la prendre, vous l'avez mise en plein dans mon chemin.

— Ouais, mais moi je regardais pas quand vous êtes parti coller vos gens juste à côté des miens. Pas du juste !

— Vous êtes pas supposée pas regarder, Miz Starks. C'est la chose la plus importante du jeu ça, bien regarder ! Laissez ma main partir.

— Nossah ! Pas ma dame. Vous avez qu'à prendre un

autre pion, mais elle pas moyen. »

Ils se chahutèrent et bousculèrent le plateau et partirent à rire.

« N'importe comment c'est l'heure de boire un coca-cola, lança-t-il. Je viendrai une autre fois vous enseigner un peu plus.

— Très bien si vous venez pour m'enseigner, mais venez pas pour m'embrouiller.

— On peut jamais les gagner, les femmes. C'est juste qu'elles tolèrent pas ça. Mais je vais faire ça, venir vous enseigner encore. Après un temps vous serez une bonne joueuse en plusse de ça.

— Vous pensez ? Jody y disait toujours que jamais je pourrais apprendre. Que c'est bien trop dur pour ma cervelle.

— Y a des gens y vont jouer avec le bon sens, et y a des gens y vont jouer sans. Mais vous avez de la bonne matière dans le crâne. Vous allez apprendre. Laissez-moi vous payer une boisson glacée.

— Ah d'accord, merci ! J'en ai encore plein la glacière aujourd'hui. Y avait personne ici pour rien acheter. Tous partis au match.

— Prochain coup vous feriez bien d'être au match avec les autres. Ça sert de rien de rester seule ici quand le monde y sont tous partis. Vous pouvez rien vous acheter à vous-même, pas vrai ?

— Vous êtes un fameux dingo ! Certain que je peux pas. Mais c'est rapport à vous que je me soucie un brin.

— Pourquoi ça ? Vous avez peur que je vous paye pas mes boissons ?

— Aoow, naaan. Mais comment vous allez faire pour vous en retourner chez vous ?

— Je vais juste rester ici à attendre qu'une auto passe. S'y en a pas aucune qui s'en vient, moi j'ai du bon cuir pour me chausser les pieds. N'importe comment c'est pas plus que sept miles. Moi je peux marcher ça en un rien de temps. Facile.

— Si c'était moi je m'en irais attendre un train qui passe. Sept miles ça serait comme une sacrée trotte.

— Une trotte pour vous pasque vous êtes pas en habitude de ça. Mais moi ici j'ai vu des femmes capables à marcher plus long encore. Vous aussi vous êtes capable, si c'était que vous seriez forcée de le faire.

— Ça se peut, mais moi je prends le train jusqu'à tant que j'ai les sous pour.

— Moi j'ai pas besoin d'avoir des sous dans ma poche pour prendre le train comme une femme va faire. Quand ça me dit moi le train je le prends de toute façon – avec ou sans les sous.

— Ça par exemple vous alors ! Miste… euh… euh… vous m'avez jamais dit votre nom c'est quoi.

— Sûr que j'ai rien dit. C'est que je m'attendais pas que ça soye nécessaire de le dire. Le nom que ma maama elle m'a eu donné c'est Vergible Woods. Mais le monde y m'appellent juste Tea Cake pour faire court.

— Tea Cake ! Et vous êtes sucré tout plein de même ? » Elle rit et il lui lança un petit regard en coin pour s'assurer de ce qu'elle entendait par là.

« Ça se peut que j'en serais coupable. Vous faudrait m'éprouver pour voir… »

Elle eut une expression indéfinissable, entre rire et désapprobation. Il remit son chapeau d'aplomb.

« J'ai comme l'impression que je viens de me tailler une gratinée de bourde et que ça serait le temps que j'alle prendre un peu d'air », dit-il en faisant mine, très ostensiblement, de s'esquiver en douce vers la porte. Puis il se tourna pour la regarder avec aux lèvres un sourire irrésistible. Janie ne put s'empêcher d'éclater de rire. « Vous êtes un fameux dingo ! »

Il se retourna et lança son chapeau à ses pieds. « Si elle me le relance pas, je prendrai ma chance et je reviendrai », annonça-t-il tout haut, gesticulant pour indiquer qu'il était caché derrière un poteau. Elle ramassa le chapeau et le lança vers lui, riant toujours. « Même si c'était qu'elle aurait une brique, elle pourrait pas moindrement faire aucun mal avec, lança-t-il à un comparse invisible. La dame ici elle sait pas lancer. » Il fit un geste à son comparse, s'écarta de derrière le réverbère imaginaire, rajusta son manteau et son chapeau puis revint nonchalamment vers Janie comme s'il venait juste d'entrer dans le magasin.

« Soir, Miz Starks. Voulez-vous bien faire ça me laisser prendre une livre de pain de châtaignes jusqu'à samedi ? Sûr que je vous paye le jour dit.

— C'est même dix livres qu'y vous en faut, Miste Tea Cake. Moi je vous laisse prendre tout ce qu'y a ici et même pas besoin de vous embêter pour payer le dû. »

Là-dessus ils partirent à plaisanter et cela dura jusqu'à ce que les gens commencent de rentrer. Puis il prit une chaise et fit parlotte et rires avec les autres jusqu'à ce que vienne l'heure de fermer. Et quand tous les autres furent partis, il dit, « Me figure que j'ai passé outre le temps de mon départ, mais moi je me dis ça que vous nécessitez un quelqu'un pour vous aider à barrer la place. Vu qu'y a pas personne à la ronde, peutête que moi ici je pourrais faire la djob.

— Et merci à vous, Miste Tea Cake. C'est comme qui disait tout un effort pour moi.

— Qui a jamais entendu parler d'un Tea Cake qu'on appelle Mister ! Si vous voulez ça vous esprimer de la haute et m'appeler Miste Woods, c'est comme ça vous plaît de faire. Si vous voulez me faire un brin d'amicable et m'appeler juste Tea Cake, ça ça serait vraiment chic. » Il fermait et verrouillait les fenêtres tout en lui parlant.

« Alors d'accord. Merci bien… Tea Cake. Et comme ça ?

— Chic comme une tite fille en habit de Pâques. Très charmant même ! » Il boucla la porte et la secoua pour vérifier avant de remettre la clé à Janie. « Allons maintenant, moi je vous escorte jusqu'à la porte dedans chez vous et après ça je m'en vais prendre ma route de Dixie. »

Ce n'est qu'arrivée au milieu de la promenade plantée de palmiers que Janie soudain songea à sa sûreté. Qui sait si cet étranger n'avait pas une idée derrière la tête ! Mais hors de question de lui dévoiler ses craintes ici même dans cette nuit sombre entre la maison et le magasin. Il avait pris son bras en plus de ça. Puis l'instant d'après c'était fini. Tea Cake n'avait rien d'un étranger. Elle avait l'impression de le connaître depuis toujours. Voyez comme elle avait su parler avec lui dès le début ! Devant chez elle il porta la main à son chapeau et s'en fut après le plus bref des bonsoirs.

Alors elle s'assit sur la véranda et regarda la lune qui montait. Bientôt son ambre fluide imprégnerait la terre, étanchant la soif du jour.

11.

Janie avait envie de demander à Hezekiah ce qu'il savait de Tea Cake, mais elle craignait qu'il ne comprenne de travers et n'aille s'imaginer qu'elle était intéressée. Premièrement Tea Cake avait l'air bien trop jeune pour elle. Devait avoir autour de vingt-cinq ans alors qu'elle était dans ses quarante. En plus il n'avait pas l'air de rouler sur l'or. Peut-être qu'il lui tournait autour rien que pour se faire bien voir et la dépouiller de tout ce qu'elle possédait. C'était aussi bien qu'elle ne le revoie plus. Il était probablement le genre d'homme à avoir plusieurs femmes sans en marier aucune. N'importe comment, elle avait décidé que si jamais il remettait les pieds dans la place elle allait le traiter tellement froid qu'à tous les coups on ne le reprendrait plus à vadrouiller dans le coin.

Il attendit une semaine exactement avant de revenir cueillir la rebuffade de Janie. C'était au tout début de l'après-midi et Janie était seule avec Hezekiah. Elle entendit quelqu'un fredonner comme s'il cherchait la note juste et elle jeta un œil du côté de la porte. Tea Cake était là, faisant semblant d'accorder une guitare. Fronçant les sourcils et s'acharnant sur les chevilles de son instrument imaginaire et l'observant du coin de l'œil avec un petit air de plaisanterie secrète au visage. Finalement elle esquissa un sourire et il entonna un do, fit mine de se caler la guitare sous le bras et s'avança droit vers elle.

« Soir, les amis ! J'ai pensé ça que vous autres ici vous

auriez le goût d'une ptite musique à soir et donc j'ai pris ma caisse avec moi.

— Fameux dingo ! » commenta Janie, l'air rayonnant.

Il accueillit le compliment avec un sourire et prit place sur une malle. « Y a un quelqu'un qui prendra un coca-cola avec moi ?

— Moi j'en ai juste pris un déjà, dit Janie, temporisant avec sa conscience.

— C'est donc qu'y vous faut en prendre un autre encore, Miz Starks.

— Pourquoi ça ?

— Pasque ç'a pas été pris correct la première. Kiah, mène-nous voir deux bouteilles du fond de la glacière.

— Comment vous débrouillez les choses depuis le dernier temps qu'on s'est vus, Tea Cake ?

— Peux pas dire à mal. Ça se peut être pire. J'ai eu fait quatre jours cette semaine-ci et j'ai toute ma paye dans ma poche.

— Fait que c'est tout un homme riche qu'on a là. C'est le temps pour vous d'acheter des trains de voyageurs ou des bateaux de guerre à cette semaine ?

— Ça sera lequel que vous voulez prendre ? C'est dépendant de vous.

— Oh bah si c'est un cadeau qu'on me fait de même, moi je crois que je vais prendre plutôt les trains de voyageurs. Comme ça au moins si ça esplose je serai encore les deux pieds sur la terre solide.

— Prenez les bateaux de guerre si c'est vraiment ça qui vous tente. Moi je sais où y s'en trouve un juste maintenant. J'en ai avisé un aux entours de Key West à l'autre jour.

— Et comment c'est que vous comptez l'avoir ?

— Ah schocks ! Eux autres amirals c'est tout rien que des vieilles choses. Y a pas aucun vieillard qui va jamais pouvoir m'empêcher d'aller prendre n'importe quel bateau pour vous si c'est de ça que vous avez le désir. Moi chuis capable à soutirer ce bateau si preste fait qu'y sera déjà en train de marcher sur les eaux comme le bon vieux Pierre avant même de savoir y se passe quoi. »

Une fois de plus ils passèrent la soirée entière à jouer. Tous s'étonnèrent de voir Janie se mettre aux dames mais chacun s'en réjouit. Trois ou quatre d'entre eux se tenaient derrière elle et la conseillaient dans ses mouvements en la blaguant de tout et de rien avec ce qu'il fallait de retenue. Et pour finir chacun rentra chez soi, sauf Tea Cake.

« T'auras qu'à tout fermer, Kiah, dit Janie. M'en vais rentrer à la maison, je crois. »

Tea Cake entraîné à son flanc monta cette fois les marches de la véranda. Alors elle lui avança un siège et ils trouvèrent beaucoup à rire pour un rien. Aux abords de onze heures elle se souvint d'un reste de quatre-quarts qu'elle avait mis de côté. Tea Cake alla au citronnier du côté de la cuisine et cueillit quelques citrons et les pressa pour elle. Alors ils se firent de la limonade aussi.

« La lune est trop belle pour que n'importe qui de nous soye à la gaspiller en train de dormir, déclara Tea Cake après qu'ils eurent fini de laver les assiettes et les verres. Allons-nous-en à la pêche.

— À la pêche ? À cette heure ici de la nuit ?

— Mmmhmm. À la pêche. Je connais la place où la brème couche. Les ai vues à soir quand j'ai pris le contour du lac. Où elles sont vos cannes à pêche ? Allons-nous-en s'asseoir au lac. »

C'était si fou d'aller déterrer des vers à la lueur de la lanterne, puis de se mettre en route passé minuit pour le lac Sabelia, qu'elle eut le sentiment d'être une enfant en train d'enfreindre les règles. Et pour cette raison même

Janie aima cela. Ils en prirent deux ou trois et furent de retour avant le lever du jour. Ensuite elle dut faire sortir en douce Tea Cake par la barrière de derrière et c'était comme un grand secret qu'elle dissimulait à la ville.

« Miz Janie, commença Hezekiah d'un air maussade le lendemain, vous devriez pas faire ça laisser ce Tea Cake marcher jusqu'à la maison ensemble avec vous. Moi je peux aller avec vous, si vous avez de la crainte.

— C'est quoi le problème avec Tea Cake, Kiah ? C'est un voleur ou quèque chose ?

— J'ai pas jamais entendu aucune personne dire qu'y leur a rien volé.

— C'est un bandit qui trimballe des pistolets et couteaux pour faire du mal aux gens avec ?

— Y disent pas qu'il a blessé ou tiré sur aucune personne.

— Bon, est-ce qu'y… y… y serait ensemble avec une femme ou quèque chose de la sorte ? Pas que c'est moindrement de mes affaires à part de ça. »

Elle retint sa respiration le temps qu'il réponde.

« Non maam. Et y a aucune personne qui voudrait marier Tea Cake pour aller mourir de faim avec, sauf si ça serait une personne juste comme lui – qu'a pas d'usage pour rien. Certain qu'y va se présenter avec tous les habits de change qu'y faut. Ce long-jambé de Tea Cake c'en est un qu'a pas un foutre rien. L'a pas d'affaire à se faire familier avec aucune personne pareille comme vous. Me disais juste ça que j'allais vous en parler et comme ça vous savez.

— Te soucie pas de même, Hezekiah. Grand merci plein. »

Le lendemain soir quand elle monta les marches de chez elle Tea Cake était déjà là, assis sur la véranda dans le noir. Il lui avait apporté en cadeau une cordelle de truites fraîchement pêchées.

« Moi je nettoie, vous faites frire, après on mange », annonça-t-il avec l'assurance de celui qui sait qu'on ne lui dira pas non. Ils se rendirent dans la cuisine et préparèrent le poisson piquant et les gâteaux de maïs et mangèrent. Puis Tea Cake alla s'installer au piano et se mit à jouer du blues et chanter, en lui jetant de grands sourires par-dessus l'épaule. La musique berça Janie doucement jusqu'au sommeil et ce qui la réveilla fut de sentir Tea Cake qui lui passait le peigne dans les cheveux et lui grattait les pellicules sur la tête.

« Tea Cake, vous avez pris ça où un peigne pour venir me peigner les cheveux avec ?

— J'ai porté ça avec moi. Chuis venu tout bien préparé pour y passer ma main ce soir.

— Pourquoi ça, Tea Cake ? Quel bien ça fait pour vous à être en train de peigner mes cheveux ? C'est moi qui prends le confortable dans l'affaire, pas vous.

— Moi aussi. J'ai pas dormi trop bien ça fait maintenant plusse qu'une semaine pasque j'espérais si tant de passer ma main dans vos cheveux ici. Sont tellement jolis. Sont tout juste comme un dessous d'aile de colombe près de mon visage.

— Mmmpff ! Vous êtes puissamment facile à être satisfait. Moi ici j'ai eu ces mêmes cheveux près de mon visage depuis le jour que j'ai pleuré la première fois, et quand même ça m'a pas jamais donné aucun frisson.

— Et moi je vais dire pareil comme vous m'avez dit – vous êtes puissamment difficile à être satisfaite. Je parie ça que ces lèvres que vous avez là elles vous font pas satisfaite non plus.

— C'est ça même, Tea Cake. Sont juste là et moi j'en fais usage à toutes les fois que nécessaire, mais pour moi y a rien qui soye spécial là-dans.

— Mmmpff ! Mmmpff ! Mmmpff ! Je parie ça que

vous allez jamais au miroir pour précier vos propres yeux de par vous-même. Vous laissez les autres gens venir prendre toute la préciation de vos yeux mais sans rien prendre par vous-même.

— Naaan, moi je les regarde jamais dans le miroir. Et si une autre personne en prend plaisir en tout cas y sont pas à venir me dire.

— Voyez ça ? Vous avez le monde en bouteille rien que pour vous et ç'a l'air que vous le savez même pas. Mais je suis bien content que c'est moi celui qui vous l'apprend.

— J'imagine ça que plein d'autres femmes l'ont appris de vous.

— C'est moi l'apôtre Paul pour les Gentils. Je dis pas seulement, je montre aussi.

— Je pensais bien ça. » Elle bâilla et fit mine de quitter le sofa. « Vous m'avez rendue si tant sommeilleuse à gratter ma tête de même ça va me faire misère juste à me rendre au lit. » Elle se leva d'un seul élan, rassemblant sa chevelure. Il resta assis sans bouger.

« Naaan, vous êtes pas sommeilleuse, Miz Janie. Vous voulez juste que je soye parti. Vous figurez comme ça que chuis un noceur, un barbeau, et vous voulez pas vous gaspiller trop de temps à parler avec moi.

— Mais, Tea Cake ! C'est quoi donc qu'est allé vous mettre une pareille notion dans la tête ?

— La façon que vous m'avez regardé quand j'ai dit ce que j'ai fait. Vote visage y m'a épeuré tellement méchant que mes poils y se sont dressés sur moi.

— J'ai nullement affaire à me fâcher après rien que vous avez fait ou dit. Vous avez compris tout croche. Je suis pas moindrement fâchée.

— Moi je sais et c'est ça qui met la honterie sur moi. Vous êtes juste écœurée de moi. Votre visage s'est sauvé d'ici et y se balade en quèque part ailleurs. Naaan, certain que vous êtes pas fâchée après moi. Si c'était que vous le seriez moi ça me ferait de la joie, comme ça au moins je pourrais faire quèque chose pour vous plaire. Mais de ce que je vois…

— Les choses que j'aime ou j'aime pas ça doit pas faire aucune différence pour vous, Tea Cake. Ça serait pour votre grande amie. Moi chuis juste une amie pour le temps en temps. »

Janie se dirigea lentement vers l'escalier, et Tea Cake resta assis là sans bouger, comme figé sur place, comme s'il avait craint, une fois debout, de perdre à jamais le droit de se rasseoir là. Il déglutit péniblement et la regarda s'éloigner.

« J'avais pas en intention de rien vous faire savoir, tout cas pas maintenant toussuite, mais j'aimerais mieux ça qu'on me cribbe avec des clous que vous voir agir de la sorte avec moi comme vous êtes en train de faire présentement. M'avez grippé pour la vie longue. »

Au noyau de l'escalier Janie pivota sur ses talons et l'espace d'une pensée elle s'illumina comme par transfiguration. La pensée suivante précipita son effondrement. Y dit n'importe quelle chose juste pour le moment, juste pasqu'y sent qu'y m'a et comme ça je vais le croire. La pensée suivante acheva de l'enterrer sous des tonnes d'inepties glaciales. Y profite qu'il est plus jeune que moi. Y se prépare à bien rire de moi comme une vieille idiote. Ah mais qu'est-ce que je donnerais pas pour être douze ans plus jeune et comme ça je pourrais le croire !

« Oh, Tea Cake, vous dites ça juste à soir pasque le poisson et le gâteau de maï y goûtaient pas mal bon. Demain votre avis y aura viré.

— Naaan. J'ai plusse de bon sens que ça.

— Toutes manières tout ça que vous m'avez raconté

quand on était là-bas dans la cuisine moi ça me dit que chuis presque douze ans d'âge de plus que vous.

— J'ai tout bien pensé ça et fait mon possible pour lutter contre, mais ça me sert de rien. De penser à ma jeuneté ça me satisfait pas comme d'être ensemble avec vous.

— Ça fait un plein tas de différence pour la plupart des autres personnes, Tea Cake.

— Les choses de même ç'a tout plein à faire avec la convenance, mais ç'a pas rien à faire avec l'amour.

— Bah, j'aimerais bien ça apprendre comment vous allez penser la chose demain après soleil levé. Ça c'est seulement une pensée du temps de la nuit.

— Vous avez une idée qu'est à vous et moi j'en ai une autre qu'est à moi. Et j'ai ici un dollar qui dit que vous êtes pas dans le vrai. Mais je me figure ça que vous pariez pas avec l'argent.

— Je l'ai jamais fait jusqu'au jour d'aujourd'hui. Mais tout comme les anciens disent toujours, je suis née je suis pas cannée. Je peux pas déjà dire les choses que je suis supposée à faire un jour. »

Il se leva soudainement et attrapa son chapeau. « Bonne nuit, Miz Janie. Ça semble qu'on a faite rouler notre conversation depuis les racines d'herbes jusqu'en haut des pins. Arevoir ! » Il passa la porte presque en courant.

Janie demeura si longtemps agrippée au noyau de l'escalier à repenser tout ça qu'elle manqua s'endormir sur place. Quoi qu'il en soit, elle prit bien soin avant de se mettre au lit d'examiner sa bouche, ses yeux et ses cheveux.

Tout le jour suivant dans sa maison et au magasin elle ne cessa d'élaborer des pensées de résistance à Tea Cake. Elle allait même jusqu'à l'imaginer en posture ridicule et se sentait alors un peu honteuse de le fréquenter. Mais au bout d'une heure ou deux il lui fallait reprendre la bataille à nouveau. Elle ne parvenait pas à le faire correspondre à l'idée qu'elle se faisait des autres hommes. Il ressemblait aux pensées d'amour des femmes. Il pouvait être une abeille pour la floraison – la floraison d'un poirier au printemps. Ses foulées pressant la terre semblaient en extraire le parfum du monde. Chacune de ses foulées pressant les plantes aromatiques. Une senteur d'épices le drapait. Il était un regard de Dieu.

Et donc il ne vint pas cette nuit-là et Janie couchée dans son lit fit mine de n'avoir que mépris pour lui. « Te parie ça qu'y est à traîner dans je sais pas quel jook là-bas. Bien aise que je l'ai traité froid. Qu'est-ce que je vais aller faire avec une raclure de nègue sorti des rues ? Parie ça qu'y vit avec une femme ou autre et qu'y me prend pour une idiote. Bien aise que je me reprends à temps. » Elle essayait de se consoler comme ça.

Le lendemain matin elle s'éveilla en entendant frapper à sa porte et trouva là Tea Cake.

« Salut Miz Janie. J'espère ça que je vous réveille ?

— Vous faites ça certain, Tea Cake. Entrez et laissez là votre chapeau. Qu'est-ce que vous faites au-dehors de si tôt matin ?

— Je voulais ça me hâter d'arriver vitement ici pour vous dire mes pensées du temps du jour. Je vois ça qu'y vous faut connaître mes sentiments en temps de jour. Vu que j'ai de la misère à vous les faire entendre du temps de la nuit.

— Vous êtes rien qu'un dingo ! C'est ça que vous êtes venu jusqu'ici pour me dire au lever de ce jour ?

— Oui certain. Vous, faut qu'on vous fasse entendre les choses et qu'on vous fasse voir les choses, et c'est en plein ça que je fais. Vous ai cueilli des fraises en plusse de ça – me suis figuré que peutête vous allez aimer.

— Tea Cake, moi je déclare présentement que je sais pas quoi faire avec votre personne. Trop dingo que vous êtes ! Feriez mieux de me laisser que je vous arrange de quoi pour un tidéjeuner.

— Pas le temps. J'ai une djob à ouvrer. Faut que je soye de retour à Orlando là-bas pour huit heures. On se voit plus tard, pouvez me croire. »

Il fila dans l'allée et disparut. Mais ce soir-là quand Janie quitta le magasin, elle aperçut Tea Cake allongé dans le hamac sur la véranda à faire semblant de dormir sous son chapeau. Elle le héla. Il fit semblant de n'avoir rien entendu. Ronfla plus fort encore. Elle s'avançait vers lui pour le secouer quand il l'attrapa pour l'attirer à lui dans le hamac. Bien vite, elle se laissa caler au creux de ses bras et resta un moment étendue là.

« Tea Cake, je sais pas pour vous, mais moi ici j'ai faim, venez qu'on s'en alle prendre un souper. »

Ils rentrèrent donc et leurs éclats de rire retentirent d'abord dans la cuisine puis par toute la maison.

Janie le lendemain matin s'éveilla en sentant Tea Cake qui l'embrassait à lui faire perdre haleine. Et l'étreignait et la caressait comme s'il craignait qu'elle ne lui échappe et s'envole. Puis il dut s'habiller en hâte pour arriver à temps au travail. Il refusa de la laisser préparer le petit déjeuner pour lui. Il voulait qu'elle se repose comme il faut. Il l'obligea à rester où elle était. Elle au fond aurait bien voulu lui préparer ce petit déjeuner. Mais elle resta au lit un long moment après qu'il fut parti.

Il s'était exhalé tant de choses par tous leurs pores que la présence de Tea Cake était encore palpable. Elle le sentait et pouvait presque le voir là-haut dans les airs se trémoussant à travers la chambre. Après un long moment d'inertie bienheureuse, elle se leva et ouvrit la fenêtre pour laisser Tea Cake s'échapper d'un bond et monter vers le ciel porté par le vent. Ce fut le commencement des choses.

Dans la fraîcheur de l'après-midi, le démon des enfers spécialement dévolu aux amants fit chemin jusqu'à l'oreille de Janie. Le doute. Toutes les craintes que les circonstances pouvaient produire, et que le cœur pouvait ressentir, l'attaquèrent de tous bords. Cette sensation pour elle inédite n'en était pas moins insoutenable. Si seulement Tea Cake pouvait l'ôter de cette incertitude ! Il ne revint pas cette nuit-là ni la suivante et donc elle plongea dans l'abîme et descendit jusqu'à la neuvième ténèbre où jamais la lumière ne fut.

Mais au quatrième jour après midi il reparut au volant d'une auto déglinguée. En jaillit leste comme un chevreuil et fit mine de l'attacher à l'un des piliers de la véranda du magasin. Avec le sourire bien en place ! Elle l'adorait et le détestait tout à la fois. Comment pouvait-il la faire souffrir à ce point et ensuite réapparaître en souriant grand comme ça de cette manière exquise qui était la sienne ? Il la pinça au bras au moment de franchir le pas de la porte.

« Me suis amené un quèque chose pour t'embarquer en-dans, lança-t-il avec son petit rire secret. Va prendre ton chapeau si c'est que tu vas vouloir en mettre un. Faut qu'on s'en alle acheter de l'épicerie.

— Moi je vends de l'épicerie juste ici dans ce magasin, Tea Cake, au cas où tu sais pas. » Elle s'efforçait de prendre l'air froid mais le sourire lui venait malgré tout.

« Pas le genre qu'on veut pour l'occasion. Toi ici tu vends de l'épicerie pour les gens d'ordinaire. Nous autres on veut aller acheter de l'épicerie pour toi. Le grand pique-nique du dimanche de catéchise c'est demain – te parie ça que t'avais oublié – et nous on doit se rendre là-bas avec un beau panier en plusse de nous-mêmes.

— Pour ça je sais pas trop, Tea Cake. Je vais te dire ça que tu vas faire. Tu vas là-bas m'attendre à la maison. Serai là dans une minute. »

Aussitôt que le moment lui sembla opportun elle fila par l'arrière-boutique et rejoignit Tea Cake. Inutile de s'imaginer des choses. Peut-être qu'il disait tout ça juste par politesse.

« Tea Cake, certain que tu veux que moi ici je m'en alle avec toi à ce pique-nique ?

— Me décarcasse dans tous les sens pour faire de l'argent et t'amener toi – besogné comme chien deux pleines semaines – et elle est là en train de me demander si moi je veux qu'elle s'envienne avec ! À me coller dans un plein tas de trouble pour avoir cette auto-ci et comme ça tu peux te rendre à Winter Park ou Orlando pour acheter toutes les choses que si jamais t'aurais besoin et cette femme ici elle vient s'asseoir et me questionner que vraiment est-ce que je veux qu'elle s'envienne avec !

— Te fâche pas, Tea Cake. Je voulais juste pas que tu soyes à faire aucune chose seulement par politesse. S'y aurait une autre personne que t'aimerais mieux amener avec toi, moi ça me fait rien.

— Naaan. Ça te fait moindrement pas rien. Si c'était ça tu serais pas ici en train de le dire. Prends le cran de dire la vraie chose que tu penses.

— Bon, d'accord, Tea Cake, moi je veux ça fort m'en aller avec toi, mais – oh Tea Cake, va pas faire aucune fausse histoire avec moi !

— Janie, j'espère ça que Dieu y me tuerait, si c'est que je suis en train de te mentir. Y a personne dans le monde qui peut te venir à la cheville, chère. C'est toi qu'as les clés du royaume. »

12.

Ce fut après le pique-nique que la ville commença à se rendre compte des choses et de là partit en rage. Tea Cake et Missiz Maire Starks ! Tous les hommes qu'elle pouvait avoir, et s'en aller batifoler avec un comme Tea Cake ! Et encore, Joe Starks il était mort ça comptait même pas neuf mois et la voilà partie pavaner en sashay à ce pique-nique dans son linge rose. Et fini terminé d'aller à l'église comme elle faisait avant. Partie à Sanford en auto avec Tea Cake et elle habillée tout en bleu ! Une disgrâce. S'était mise à mettre des mules à talons hauts et un chapeau à dix dollars ! Et son allure comme une jeunette, tout le temps en bleu parce que Tea Cake lui a demandé. Pauvre Joe Starks. Parie qu'y se retourne dans sa tombe à chaque jour. Tea Cake et Janie partis à la chasse. Tea Cake et Janie partis à la pêche. Tea Cake et Janie partis au cinéma à Orlando. Tea Cake et Janie partis danser. Tea Cake plante des parterres de fleurs dans le jardin de Janie et lui sème son potager. Fait tomber pour elle l'arbre qu'elle a même jamais aimé là-bas du côté de la fenêtre de la salle à manger. Tous ces petits gestes possessifs. Tea Cake dans une auto empruntée qui apprend à conduire à Janie. Tea Cake et Janie qui jouent aux dames ; qui jouent à Conquian ; qui jouent à Florida Flip sur la véranda tout l'après-midi long comme s'y avait personne d'autre qu'eux aux alentours. Jour après jour et semaine après semaine.

« Pheoby, fit Sam Watson un soir en se couchant, j'ai idée que ta bonne amie Janie elle est toute accointée avec l'autre Tea Cake vrai comme je dis. Que d'abord j'y croyais pas.

— Aoow, mais ça c'est pas rien à craindre d'elle. Moi je crois plutôt qu'elle est comme crochée dessus l'autre croque-mort de Sanford là-bas.

— Y a bien un quelqu'un dedans, vu qu'elle a méchamment bonne allure de ce temps-ci. Nouvelles robes et différentes manières de peigner ses cheveux à presque chaque jour. Faut qu'y a quèque chose certain pour aller se peigner de neuf comme ça. Quand tu vois une femme qui fait si tant de ratisserie sur sa propre tête, c'est pasqu'elle est en train de se peigner en vue d'un homme ou un autre.

— Certain qu'elle peut faire tout comme ça lui plaît, mais ça c'est une bonne chance pour elle là-bas à Sanford. La femme de l'homme que je dis elle est morte et donc y a une jolie place à lui où y peut l'amener, tout meublé complet. Mieux que la maison à Joe qu'il a laissée pour elle.

— Tu ferais mieux ça d'aller lui faire entendre les choses comme y faut pasque Tea Cake y peut pas rien faire d'autre que l'aider à dépenser tout ce qu'elle a. Me figure que c'est après ça qu'y cherche. Gaspiller tout ça que Joe Starks a travaillé fort pour amasser ensemble.

— Ç'a l'air que c'est ça. Mais quand même à la fin, c'est elle qu'est sa propre femme entière. Il est le temps qu'elle doit savoir ce qu'elle veut faire pour elle.

— Les hommes y parlaient tout juste de ça dans le bois ce jour même et Janie et Tea Cake y les cribbaient en diabe tous les deux pareillement. Se disent tous qu'il est en train de dépenser sur elle présentement pour après la faire tout dépenser sur lui ultimement.

— Mmmpff! Mmmpff! Mmmpff!

— Oh y se sont bien figuré l'affaire. Si ça se trouve c'est pas si tant pire qu'y disent, mais y parlaillent dessus et y font sembler que c'est très mal de la part à Janie.

— Ça c'est jalousie et malice en plein. Y en a certains d'entre eux qu'aimeraient juste faire tout ça qu'y disent qu'y ont peur que Tea Cake est en train de faire.

— Le pasteur y dit que Tea Cake la laisse même pas aller à l'église de temps à autre c'est juste pasqu'y veut récupérer les petits sous du denier pour acheter de l'essence avec. Qu'y fait rien que traîner Janie en dehors de l'église. Mais n'importe comment, c'est ton amie de cœur, donc faut ça que t'alles voir l'affaire avec elle. Tu sèmes une tite allusion ici et là et si Tea Cake est en train d'essayer de la dépouiller elle pourra voir et savoir. Moi j'ai de l'amitié pour elle et j'aimerais pas ça la voir terminer comme Miz Tyler.

— Aoow mon Dieu naaan ! Me figure ça que je ferais mieux d'aller demain pour un petit parler avec Janie. Elle pense juste pas les choses qu'elle fait, c'est rien d'autre que ça. »

Le lendemain matin Pheoby se mit en chemin vers la maison de Janie comme une poule s'en va picorant au jardin du voisin. S'arrêtant pour bavarder un peu avec chacune des personnes qu'elle croisait, s'autorisant un crochet rapide sur l'une ou l'autre véranda – menant droit sa route d'un train tortueux. En sorte que sa ferme intention paraisse accidentelle et qu'elle n'ait pas à dévoiler son idée aux gens qu'elle rencontrait.

Janie sembla contente de la voir et après un temps Pheoby aborda les choses comme ça : « Janie, y a du monde y sont en train de parler que ce Tea Cake y te traîne partout dans des places où t'as pas l'usage. Aux matchs de baseball et à la chasse et à la pêche. Y sait pas que t'as plutôt l'usage de te tenir avec du monde de plus haut que ça. Sûr que toi t'as toujours été dans le haut panier.

— C'est Jody qui m'a menée dans ce haut panier-là. Pas moi. Naaan, Pheoby, Tea Cake y me traîne pas en aucune part où je veux pas aller. Moi ici j'ai voulu un plein tas de fois m'en aller voir à la ronde, mais Jody y voulait pas me laisser. Quand j'étais pas au magasin y voulait juste que je reste m'asseoir là avec mes mains croisées. Et je restais m'asseoir là avec les murs qui se fermaient sur moi et qui pressaient toute la vie au dehors de moi. Pheoby, les autres femmes qu'ont de l'éducation elles ont un plein tas de choses à s'asseoir et pourpenser. Y a un quelqu'un y leur a dit toutes les choses pour quoi y faut s'asseoir. Mais moi pauvrette personne m'a pas jamais rien dit, alors m'asseoir sans bouger moi ça me donne du trouble. Moi ce que je veux c'est utiliser tout mon moi-même.

— Mais, Janie, Tea Cake peutête qu'il est pas un oiseau de potence, mais il a pas un sou pour pleurer. T'as pas peur qu'y soye seulement après ton argent, vu comme ça qu'il est plus jeune que toi ?

— L'a pas encore jamais quêté le premier penny chez moi, et s'il aime ça posséder des choses c'est qu'il est pas moindrement différent de tout le restant d'entre nous autres. Tous ces vieux qui s'en viennent prendre assise autour de moi y sont après la même chose pareil. Y a trois autres femmes en veuvage dans la ville, comment ça se trouve qu'y sont pas tous à se tordre le cou après elles ? Pasqu'elles ont rien, c'est ça le pourquoi.

— Les gens y t'ont vue sortir toute en couleurs et y trouvent ça que tu montres pas assez de respect pour ton mari qu'a passé.

— Je suis pas en chagrin donc pourquoi ça que je dois

me mettre en deuil ? Tea Cake y m'aime en bleu, alors moi c'est ça que je porte. Jody jamais dans sa vie il a choisi aucune couleur pour moi. C'est le monde qu'a choisi du noir et du blanc comme couleurs pour le deuil, c'est pas Joe. Donc moi c'est pas pour lui que je les portais. C'est pour vous tous ici seulement que je les portais.

— N'importe comment, fais attention à toi, Janie, et te fais pas profiter dessus. Tu sais comment y sont tous ces jeunes avec les plus vieilles qu'eux. La plupart du temps y sont après tout ça qu'y peuvent prendre chez elles, et après y viennent à disparaître comme dindon dans le champ à maï.

— Tea Cake y parle pas de même. Il a bien en intention de se rendre permanent avec moi. On a décidé ensemble qu'on va être mariés.

— Janie, t'es ta propre femme entière, et j'espère ça que tu sais les choses que tu fais. J'espère certain que t'es pas comme n'importe quel opossum – que plus tu viens vieille, moins t'as de bon sens. Moi j'allais me sentir un plein tas de fois mieux si c'était que tu mariais l'homme de Sanford là-bas. C'en est un qu'a de quoi mettre à côté de ce que t'as déjà toi et ça c'est du mieux. C'en est un d'endurable.

— N'empêche même à la fin moi j'aime mieux être avec Tea Cake.

— Donc là, si t'as déjà fait toute ta décision, y a pas rien que personne peut faire. Mais là je te dis t'es en train de prendre un méchant risque.

— Pas plus que celui-là que j'ai pris avant et pas plus que celui que n'importe qui va prendre quand y vont se marier. Toujours ça va changer les gens, et quèques fois ça fait sortir de la saleté et de la mauvaiseté que même les personnes y savaient pas qu'y avait en-dans d'eux. Toi-même tu sais. Peutête Tea Cake y va venir à être de même. Peutête pas. N'importe comment moi chuis prête et j'ai la volonté de l'éprouver.

— Bon alors quand c'est que t'as idée de sauter le pas ?

— Ça on sait pas. Le magasin y faut qu'y soye vendu et après ça on s'en allera en quèque part pour se marier.

— Comment ça se trouve que tu vas vendre le magasin ?

— Pasque Tea Cake c'est pas un Jody Starks, que même s'y s'essayait à l'être ça serait tout un margouillis. Mais à la minute que je vais le marier tout le monde y seront déjà en train de faire leurs comparaisons. Donc nous on va juste s'en aller en quèque part et recommencer tout dans la manière de Tea Cake. C'est pas aucune proposition de commerce, et c'est pas aucune course après des affaires de propriété et patentes. C'est un jeu d'amour. Moi j'ai eu fini de vivre dans la manière de grandmaa, et maintenant j'ai idée de vivre dans ma manière à moi.

— Tu veux dire quoi par là, Janie ?

— Grandmaa elle est eu venue au monde du temps de l'esclavage quand les gens, c'est les noirs que je dis, y s'assoyaient pas à toutes les fois que ça leur prenait envie de le faire. Fait que s'asseoir sur une véranda comme la madam blanche pour grandmaa c'était comme sacrément quèque chose. C'est ça qu'elle a eu voulu pour moi – s'en fiche à quel prix. Grimper sur le haut siège et s'asseoir là. L'avait pas le temps de penser à qu'est-ce qu'on va faire là-haut après qu'on s'est mis sur le siège du rien faire. Le but c'était juste d'arriver. Fait que moi j'ai grimpé sur ce haut siège comme elle m'a dit, mais, Pheoby, j'ai presque failli me languir jusqu'à la mort durant tout le temps que j'étais là-haut. Je me sentais comme si tout le monde entier était en train de crier estra ! et moi j'ai même pas lu la nouvelle du jour encore.

— Peutête c'est ça, Janie. N'empêche même à la fin moi j'aimerais bien ça l'éprouver rien que le temps d'une année. Ça me paraît comme le jardin d'Ébène là-haut depuis l'endroit où je me tiens.

— Me figure ça.

— Mais n'importe comment, ma Janie, tu fais attention dans cette affaire de vendre et t'en aller avec des étrangers. Garde-moi voir Annie Tyler la chose qui lui est arrivée. L'a pris le petit peu qu'elle avait pour s'en aller jusqu'à Tampa avec l'autre bougue qu'on appelle Who Flung. Ça c'est une chose faut y penser.

— Certain. N'empêche même moi je suis pas Miz Tyler et Tea Cake c'est pas Who Flung, en plus qu'il est aucunement un étranger pour moi. On est tout comme si on s'est déjà mariés. Seulement que moi je suis pas à le crier dans la rue. Je dis ça c'est seulement à toi.

— Et moi je suis comme un poulet. Le poulet quand y boit son eau, y s'en va pas pipier.

— Oh je sais bien que toi t'en es pas une qui parlaille. Nous c'est pas qu'on a la honte dans la face. On est juste pas encore préparés pour lancer le grand charvari.

— Tu fais bien de pas parler mais, Janie, t'es en train de prendre un méchant gros risque.

— C'en est pas un si tant gros que ç'a l'air, Pheoby. Oui, je suis plus vieille que Tea Cake. Mais Tea Cake y m'a eu montré où c'est comment tu penses qui fait la différence entre les âges. Si le monde y viennent à penser les choses pareillement y seront capables à se tenir bien ensemble. Donc au commencement y a fallu que des pensées nouvelles soyent pensées et des mots nouveaux dits. Et maintenant que j'ai eu pris l'usage de ça, on s'accorde tout bien. Tea Cake y m'a enseigné la langue des jeunes filles tout du début. Attends voir de zyeuter le nouveau satin bleu qu'il a choisi pour moi d'aller me tenir avec lui. Les mules à hauts talons, le collier, les pendants d'oreilles, tout ça qu'y veut me voir avec. Un de ces matins qui vient et ça sera pas long, tu vas te réveiller et m'appeler et moi je me serai en allée.

13.

Jacksonville. La lettre de Tea Cake avait dit Jacksonville. Il s'était déjà fait embaucher aux ateliers des chemins de fer là-haut et son ancien patron lui avait promis de l'ouvrage pour la prochaine paye. Inutile que Janie attende plus longtemps. Qu'elle mette sa nouvelle robe bleue parce qu'il avait bien l'intention de l'épouser à la descente du train. Et qu'elle se dépêche de venir parce qu'il était sur le point de se transformer en pur sucre rien que de penser à elle. Allez viens-t'en, chère ! Papa Tea Cake pourrait jamais se mettre en rage après toi.

Le train de Janie était parti trop tôt ce jour-là pour que la ville puisse se rendre vraiment compte, mais les quelques-uns qui la virent s'en aller purent en témoigner amplement. Fallait lui accorder ça, elle avait sacrément belle figure, mais ça n'avait pas d'allure d'agir de la sorte. Pas facile d'aimer une femme qui vous faisait sentir si envieux.

De mile en mile le train bringuebalait et dansait sur les rails d'acier luisant. De temps à autre le machiniste jouait de son sifflet pour les gens des villes qu'il traversait. Et le train ainsi chuintant se traîna jusqu'à Jacksonville, et jusqu'à une pleine brassée de choses qu'elle avait envie de voir et connaître.

Et là dans la grande et vieille gare se tenait Tea Cake qui l'attendait habillé de neuf dans un complet bleu et sous un chapeau de paille, et qui déjà l'entraînait jusque chez le pasteur. Et sitôt après jusqu'à la chambre où il avait passé deux semaines à dormir tout seul en attendant qu'elle arrive. Et les voilà repartis à s'enlacer à s'embrasser à s'enflammer comme jamais on n'avait vu ça. Elle en était si heureuse qu'elle se faisait peur à elle-même. Ils restèrent chez eux à se reposer cette nuit-là, mais le soir suivant ils allèrent au spectacle et ensuite ils firent des tours de trolley et s'offrirent comme ça une petite visite des environs. Comme Tea Cake payait tout de sa poche, Janie ne lui parla pas des deux cents dollars qu'elle avait épinglés à l'intérieur de son corsage tout contre sa peau. Pheoby avait insisté pour qu'elle les emporte avec elle et qu'elle garde le secret par simple précaution. Dans sa pochette elle avait dix dollars qui lui restaient du voyage. Qu'elle laisse donc Tea Cake croire que c'était tout ce qu'elle avait. Les choses pouvaient très bien ne pas se passer comme elle se l'imaginait. À chaque instant depuis que Janie était descendue du train, comme elle avait ri de toutes les recommandations de Pheoby. Elle raconterait ça à Tea Cake un jour quand elle serait sûre que ça ne le blesserait pas. Et c'est ainsi qu'elle se retrouvait mariée depuis une semaine et avait déjà envoyé à Pheoby une carte postale illustrée.

Ce matin-là Tea Cake se leva plus tôt que Janie. Elle avait encore sommeil et lui demanda d'aller chercher du poisson à frire pour le petit déjeuner. Le temps qu'il revienne elle aurait terminé son petit somme. Il lui dit d'accord et elle se retourna et se rendormit. Quand elle se réveilla Tea Cake n'était pas là et l'horloge indiquait qu'il se faisait tard, alors elle se leva et se lava le visage et les mains. Peut-être qu'il restait en bas à la cuisine exprès pour la laisser dormir. Janie descendit et la logeuse lui offrit de boire un café avec elle parce que son mari était mort qu'elle disait et c'était si triste de devoir boire son café du matin toute seule.

« Votre mari l'est parti au travail à ce matin, Miz Woods ? Moi j'ai vu ça qu'y est parti y a déjà un boutte. Vous et moi on peut se tenir en compagnie, pas vrai ?

— Oh oui, pour vrai, Miz Samuels. Vous me donnez le souvenir d'une bonne amie à moi que j'ai là-bas à Eatonville. Ouais, gentille et amicable tout pareil. »

Et donc Janie avala son café et s'en retourna d'un pas traînant jusqu'à sa chambre sans rien demander à sa logeuse. Tea Cake devait encore être à chercher ce fameux poisson partout dans la ville. Elle se garda cette pensée bien à l'esprit pour ne pas avoir à ruminer de trop. Quand elle entendit le carillon de midi elle décida de se lever et de s'habiller. Et c'est là qu'elle s'aperçut que les deux cents dollars avaient disparu. Il y avait bien la petite bourse de toile avec son épingle à nourrice sur la chaise en dessous de ses vêtements mais l'argent n'était tout simplement nulle part dans la chambre. Elle avait tout de suite compris que cet argent ne se trouvait en aucune place connue d'elle s'il n'était pas dans la petite poche épinglée à son caraco de soie rose. Mais rester là à fouiller la chambre lui maintenait l'esprit occupé et ça pour elle c'était bien, bouger sans arrêt, même si elle ne faisait rien d'autre que tourner en rond sur ses propres pas.

Mais, on peut être ferme et résolu tant qu'on veut, on ne peut pas indéfiniment tourner en rond dans sa chambre comme un cheval qui triture sa canne à sucre. Alors Janie s'assit pour regarder la chambre. S'assit, et regarda. De l'intérieur la pièce ressemblait à la gueule d'un alligator – toute grande ouverte et prête à déglutir. Dehors par la fenêtre Jacksonville semblait avoir besoin d'une enceinte qui l'empêche de se répandre jusqu'aux tréfonds de l'éther. Trop grande pour être chaleureuse, ou même pour avoir besoin de quelqu'un comme elle. Tout le jour et toute la nuit elle rongea le temps comme un os.

Très tard au lendemain matin elle se rappela le jour où Annie Tyler et Who Flung étaient passés lui rendre visite. Annie Tyler qui à cinquante-deux ans s'était retrouvée veuve avec une belle maison et un pécule de l'assurance.

Mrs. Tyler et ses cheveux teints, défrisés de peu, et son inconfortable dentier neuf, sa peau parcheminée, barbouillée de poudre, et son rire niaiseux. Ses aventures amoureuses, des aventures avec des garçons de même pas vingt ans ou guère plus, pour qui elle dépensait son argent en belles tenues, chaussures, montres et autres, et comment tous invariablement la quittaient aussitôt leurs besoins satisfaits. Puis une fois asséché l'argent liquide, s'en était venu Who Flung traitant son prédécesseur de crapule et prenant quartiers dans la maison à son tour. C'est lui qui l'avait persuadée de vendre sa maison pour aller s'installer à Tampa avec lui. La ville entière l'avait regardée partir clopin-clopant. Ses mules à talons hauts, trop petites, esquintaient ses pieds fatigués devenus deux amas de callosités. Son corps se compressait et s'entassait à l'intérieur d'un étroit corset qui travaillait à lui remonter tout le milieu jusqu'au menton. Mais elle était partie riante et sûre d'elle. Aussi sûre que Janie à son tour l'avait été.

Puis deux semaines plus tard le porteur et le chef de train de la ligne régionale nord l'avaient aidée à descendre sur le quai de la gare de Maitland. Les cheveux bariolés de mèches grises et noires et bleuâtres et rougeâtres. Tous les tours que pouvait jouer une teinture bon marché se trouvaient exposés dans ses cheveux. Les mules tordues et grippelées comme ses pieds éreintés. Le corset disparu et la vieille femme tremblotante pendouillant de toutes parts sur elle-même. Tout ce que l'œil pouvait voir se déversait. Son menton pendouillait de ses oreilles et se déversait en drapés le long de son cou. Sa poitrine, son ventre, son postérieur et ses jambes pendouillants s'en allaient draper plus bas ses chevilles. Elle poussait des gémissements mais jamais plus de rire niaiseux.

Elle était brisée et sa fierté n'était plus, alors à tous ceux qui voulurent savoir elle raconta ce qui lui était arrivé. Who Flung l'avait emmenée dans une chambre miteuse dans une maison miteuse dans une rue miteuse et il avait promis de l'épouser le lendemain. Ils étaient restés deux jours entiers dans cette chambre et puis elle s'était réveillée et Who Flung avait disparu avec l'argent. Elle s'était levée pour tout retourner et voir aussi si elle pouvait le retrouver, et c'est là qu'elle s'était aperçue qu'elle était trop usée pour tout ça. Tout ce qu'elle avait découvert c'est qu'elle était un flacon trop ancien pour le vin jeune. Le jour suivant la faim l'avait poussée à sortir chercher de quoi. Elle s'était postée dans les rues à sourire et sourire, puis à sourire et mendier, et pour finir à mendier tout court. Après une semaine à se meurtrir au monde, était arrivé un jeune homme de chez elle qui l'avait reconnue. Elle n'avait pas pu lui dire comment elle en était arrivée là. Elle lui avait seulement raconté qu'elle était descendue du train et que là quelqu'un lui avait volé son sac à main. Naturellement, il l'avait crue et l'avait emmenée chez lui pour qu'elle prenne le temps de se reposer un jour ou deux, et puis il lui avait acheté un billet pour qu'elle puisse rentrer chez elle.

On l'avait mise au lit et on avait envoyé chercher sa fille mariée là-haut à Ocala, pour qu'elle vienne s'occuper de sa mère. La fille était arrivée aussi vite qu'elle avait pu et elle avait emmené avec elle Annie Tyler pour qu'elle meure en paix. Toute sa vie elle avait attendu que quelque chose arrive, et quand enfin cette chose était arrivée, ça l'avait tuée.

Cette histoire se mua en images et toute la nuit ces images flottèrent au chevet de Janie. Elle en tout cas n'allait pas retourner à Eatonville pour se faire moquer ou plaindre par les gens. Elle avait dix dollars en poche et douze cents dollars à la banque. Mais oh mon Dieu fais que Tea Cake soye pas blessé en quèque part et moi ici je sais même pas rien qu'est-ce qui se passe. Et mon Dieu, je t'en prie Seigneur, fais qu'y soye pas à aimer personne d'autre que moi. Peutête que moi chuis rien qu'une idiote, Loawd, comme y disent, mais Loawd Jésus, moi j'étais si tant seule et si tant à attendre. Ce si long temps que j'ai attendu.

Janie finit par s'assoupir mais se réveilla juste au moment où le soleil envoie ses espions en éclaireurs pour lui ouvrir la voie dans l'obscurité. Il jeta un coup d'œil par-delà le seuil du monde et esquissa un semblant de frivolité rouge qu'assez vite pourtant il laissa de côté pour vaquer tout de blanc vêtu à ses affaires. Mais pour Janie il ne pouvait y avoir de trêve à l'obscurité si Tea Cake ne revenait pas bientôt. Elle parvint à sortir du lit mais aucune chaise ne sut l'accueillir. Elle se ratatina au sol, la tête dans un rocking-chair.

Au bout d'un certain temps elle entendit quelqu'un jouer de la guitare de l'autre côté de la porte. Jouer pas mal chic avec ça. Et c'était charmant aussi. Mais triste à entendre quand on se sentait l'âme bleue comme Janie. Puis la personne qui jouait commença à chanter *Ring de bells of mercy. Call de sinner man home.* Son cœur manqua l'étouffer.

« Tea Cake c'est toi ça ?

— Tu sais si tant bien que c'est moi, Janie. Comment ça se trouve que tu m'ouvres pas la porte ? »

Mais il n'attendit pas. Entra avec sa guitare et son

grand sourire. La guitare accrochée autour du cou par un cordon de soie rouge et le sourire accroché d'une oreille à l'autre.

« T'as pas aucunement besoin à me demander où j'étais tout ce temps vu que c'est ma djob à moi tout ce jour-ci de te dire ça.

— Tea Cake, je…

— Good Loawd, Janie, mais tu fais quoi à rester par terre ici ? »

Il lui prit la tête entre les mains et se cala dans le fauteuil. Elle restait sans rien dire. Il lui caressait la tête et contemplait son visage.

« Je vois ce qu'y a. T'as pris doute de moi sur l'argent. T'as pensé que je t'avais tout pris pour partir avec. Je peux pas te blâmer de ça mais c'est vraiment pas rien comme t'as pu croire. La ptite bèbe elle est pas née et sa maa elle est pas morte, qui va aller me faire dépenser tous nos sous sur elle. Je t'ai déjà dit avant comme quoi c'est toi qu'as les clés du royaume. Tu peux compter sur ça.

— N'empêche même à la fin tu t'es en allé à me laisser tout le jour et toute la nuit longue.

— C'était pas que je voulais me tenir loin de toi de la sorte, et sacre Loawd c'était pas à cause d'aucune femme. Si c'était pas toi qu'aurais eu le pouvoir de me tenir et me tenir fort avec ça, moi je serais pas capable à t'appeler Miz Woods. J'ai connu plein de femmes à qui parler avant que je t'ai eu connue toi. Toi t'es l'unique dans le monde entier à qui j'ai jamais même mentionné de me marier avec. Si t'es plus vieille ça fait pas aucune différence. Pense plus à ça jamais. Si jamais je vais aller chiffonner avec une autre femme ça sera pas à cause de son âge. Ça sera pasque je serai rendu pareil avec elle comme tu m'as rendu avec toi – fait que je peux pas lutter à l'encontre. »

Il s'assit à ses côtés et l'embrassa et s'amusa à lui relever le coin des lèvres jusqu'à ce qu'elle finisse par sourire.

« Gardez-moi ça, le monde ! lança-t-il à un public imaginaire. Vlà sister Woods ici présente qu'est toute proche de quitter son mari ! »

Cela fit rire Janie, et elle se laissa couler contre lui. Puis à ce même public elle annonça : « Miz Woods elle s'est dégotée un tout nouveau ti coq, mais lui s'est allé en quèque part et veut pas lui dire où ça.

— Première chose certain, faut qu'on mange ensemble, Janie. Après on va parler.

— Une chose certain, moi je vais plus jamais t'envoyer à chercher aucun poisson. »

Il la pinça à la taille et fit mine de n'avoir pas entendu ce qu'elle disait.

« Y a pas besoin qu'aucun d'entre nous deux alle travailler à ce matin. Appelle voir Miz Samuels et laisse-la nous préparer tout ce que t'en as le goût.

— Tea Cake, si tu te presses pas de me raconter, moi je m'en vais prendre ta tête et la tamer plat comme un sou. »

Tea Cake lui tint tête jusqu'à ce qu'il ait pris son petit déjeuner, puis il parla et rejoua pour elle toute l'histoire.

Il avait avisé l'argent alors qu'il était en train de nouer sa cravate. Il l'avait pris et l'avait regardé par curiosité et ensuite il l'avait mis dans sa poche dans l'idée de le compter plus tard quand il serait parti à la recherche de poisson à frire. Lorsqu'il avait vu la somme que c'était, il en avait été tout excité et avait eu envie de faire savoir à tous qui il était. Avant même de trouver le marché aux poissons il était tombé sur un type avec qui il avait déjà travaillé à la rotonde. Une parole en amenant une autre il avait eu tôt fait de se mettre en tête qu'il en dépenserait une partie. Jamais de toute sa vie il n'avait eu en main autant d'argent, alors il s'était mis en tête d'aller voir comment ça faisait d'être millionnaire. Ils s'étaient rendus ensemble à Callahan là-bas dans le quartier des ateliers des chemins de fer et il avait décidé de donner au soir venu un grand banquet de poulet aux macaroni, gratuit pour tous.

Il avait acheté de quoi et ils avaient trouvé un gars qui touchait de la guitare pour que les gens puissent danser un peu. Ensuite ils avaient fait passer le mot à la ronde pour faire venir du monde. Et du monde il en était venu. Une grande table débordante de poulet frit et de biscuits de pain, et un plein baquet de macaroni avec du fromage à gogo. Quand le gars s'était mis à gratter sa caisse les gens avaient commencé à arriver de l'est, de l'ouest, du nord et d'Australie. Et lui il se tenait à la porte et il payait deux dollars toutes les femmes qui étaient vilaines pour qu'elles n'entrent pas. Il y en avait une, une grosse femme de couleur au teint de meringue, elle était tellement vilaine, ça valait bien cinq dollars de faire qu'elle n'entre pas, alors il les lui avait donnés.

Tout le monde prenait du bon temps comme ça jusqu'à ce que débarque un type qu'il avait repéré comme mauvais. Le type essayait de tirer et dépiauter tous les poulets pour aller piquer les foies et les gésiers dedans et les manger. Y avait personne qui arrivait à le calmer alors ils avaient appelé Tea Cake pour qu'il vienne voir s'il pouvait l'empêcher. Alors Tea Cake avait marché vers lui et lui avait demandé, « Toi là, c'est quoi ton problème, exactement même ?

— Moi je veux pas que personne y me donnent rien. Spécialement pas qu'y me sortent d'avance aucune ration. Moi c'est moi qui choisis mes rations moi-même. »

Il continuait à piocher dans le tas de poulet. Alors là Tea Cake s'était mis en rage.

« T'as plusse de toupet qu'un macaque en cuivre ! Dis-moi, c'est dans quel bureau de poste que toi ici t'es déjà allé pisser ? Me languis de savoir.

— Qu'est-c'est que tu dis là ? avait demandé le type.

— Je dis ça – que ça prend juste aussi tant de toupet pour jouer un tour de même dans un Bureau de Poste du Gouvernement des États-Unis que ça te prend d'arriver ici pour venir tirer et dépiauter tous les poulets que moi-même j'ai eu payés. Ça y est. Maudit soit si je vais pas te rosser à soir. »

Et donc ils étaient tous sortis pour voir si Tea Cake était capable de se charger du boogaboo. Tea Cake lui avait fait sauter deux dents, et l'homme avait filé. Puis là deux hommes avaient commencé à se chercher noise, alors Tea Cake avait dit qu'ils devaient se faire un bisou et se rabibocher. Ils ne voulaient pas. Préféraient encore la prison, mais comme tout le monde trouvait l'idée chouette, on les a forcés à le faire. Après ça, tous les deux avaient craché et vomi et s'étaient essuyé la bouche du dos de la main. L'un d'eux était sorti dehors pour mâcher un peu d'herbe comme font les chiens malades, pour empêcher que ça le tue qu'il disait.

Ensuite tout le monde avait commencé à brailler après la musique parce que le type savait jouer juste trois morceaux. Alors Tea Cake avait pris la guitare pour jouer lui-même. Il était tout content d'en avoir l'occasion parce qu'il n'avait plus mis la main sur une caisse depuis qu'il avait dû mettre la sienne au clou pour récupérer de l'argent et louer une auto pour Janie juste après qu'il l'avait rencontrée. Sa musique lui manquait. Alors ça lui avait fait penser que vraiment il lui en fallait une. Il avait acheté la guitare sur-le-champ et l'avait payée quinze dollars comptant. Elle en valait bien soixante-cinq à tous coups.

Juste avant le jour la fête commençait à s'épuiser. Alors

Tea Cake s'était dépêché d'aller retrouver sa nouvelle épouse. Il avait découvert comment les gens riches se sentaient et il avait une belle guitare et il lui restait douze dollars dans la poche et tout ce dont il avait besoin maintenant c'était un bon gros câlin et un baiser de sa Janie.

« Fait que t'as dû penser que ta femme elle est vilaine en puissamment. Les autres vilaines que t'as payées deux dollars pour qu'elles entrent pas, quand même elles pouvaient se tenir à la porte. Moi tu m'as même pas laissée arriver si tant près, dit-elle dans une moue.

— Janie, j'aurais donné tout Jacksonville ensemble avec Tampa pour un saut et retour et que tu soyes là-bas avec moi. Deux trois fois j'ai commencé à aller te chercher.

— Et donc, comment ça se trouve que t'as pas réussi à me trouver ?

— Janie, tu serais venue avec moi si j'avais fait ça ?

— Sûr. Ça me languit pareil comme toi de m'amuser.

— Janie, moi c'est ça je voulais, férocement même, mais j'avais de la crainte. Trop de crainte que j'allais te perdre.

— Pourquoi ?

— Eux autres c'est pas d'aucuns des hauts fonds de fanges. Eux autres c'est des ouvriers du chemin de fer et leurs bonnes femmes. Toi t'as pas l'usage d'un monde de même et moi j'avais de la crainte que tu te mettes en rage et tu me quittes pour t'avoir emmenée parmi eux. Mais je voulais ça que tu soyes ensemble avec moi tout pareil comme toi. Avant que nous deux on s'est mariés j'ai décidé que j'allais pas te laisser voir rien de vulgaire chez moi. Quand c'était que mes méchantes habitudes venaient, je m'en allais et je te laissais pas les voir. C'était pas dans mon idée de te traîner ensemble avec moi dans les bas fonds.

— Regarde-moi bien ici, Tea Cake, si jamais tu t'en vas encore une fois de même pour aller prendre du bon temps et après ça t'enrevenir me dire comment chuis si tant convenable, moi je compte bien te tuer raide mort. T'entends ?

— Donc t'as en intention de prendre ta part avec moi dans tout ça, hunh ?

— Certain, Tea Cake, m'en fiche ce que c'est.

— C'est tout ce que je veux savoir. À commencer de maintenant t'es mon épouse et ma femme et toutes les autres choses que je nécessite dans ce monde.

— J'espère ça.

— Et, chère, te préoccupe pas de ton fameux pti deux cents dollars. C'est jour de paye grande ce samedi qui vient aux ateliers des chemins de fer. Je m'en vais prendre ces douze dollars dans ma poche ici et te les regagner tous entièrement et plusse même.

— Comment ?

— Chère, vu que tu me donnes la liberté et le privilège de te dire tout sur moi-même, donc je vais te dire. T'as eu marié ici un des meilleurs joueurs que le bon Dieu a jamais fait. Cartes ou dés, les deux pareils. Je peux prendre un lacet de chaussure pour aller me gagner une tannerie avec. Faudrait ça que tu me voyes lancer. Mais cette fois ça sera rien que des gros durs qui vont parler toutes sortes de paroles alors c'est pas une place à se tenir là pour toi, mais ça sera pas long avant que je vais m'enrevenir. »

Tout le reste de la semaine Tea Cake fut très occupé à s'exercer aux dés. Il les faisait virevolter sur le sol nu, sur le tapis ou sur le lit. Il s'accroupissait et les lançait, s'asseyait sur une chaise et les lançait, se mettait debout et les lançait. C'était très exaltant pour Janie qui de sa vie n'avait jamais touché aux dés. Puis il prenait son jeu de cartes et les battait et les coupait, les battait et les coupait et les distribuait puis examinait minutieusement chaque main, avant de recommencer. Le samedi arriva. Il sortit s'acheter ce matin-là une nouvelle lame à cran d'arrêt et deux jeux de cartes à jouer, dos étoilé, et puis aux environs de midi il quitta Janie.

« Vont commencer à distribuer les payes ça va pas tarder. Moi je veux rentrer dans le jeu du temps que les gros sous sont encore aux entours. Ce jour-ci je vais pas aller jouer pour de la caillasse. Ou soit je vais retourner à chez nous avec l'argent ou soit je vais retourner sur un brancard. »

Il coupa neuf poils du grain de beauté qu'elle avait sur la tête pour se porter chance et s'en fut bien content.

Janie attendit jusqu'à minuit sans s'inquiéter, mais après cela elle se mit à avoir vraiment peur. Alors elle se releva et resta assise à ne rien faire, terrifiée et malheureuse. Se figurant et s'effrayant de toutes sortes de dangers. Se demandant ainsi qu'elle l'avait fait bien des fois déjà durant la semaine comment il se faisait qu'elle n'était pas choquée à l'idée que Tea Cake soit joueur. Cela faisait partie de lui, donc ça ne lui posait pas de problème. Elle se surprenait plutôt à se fâcher contre tous ces gens qu'elle s'imaginait venir à elle pour essayer de le critiquer. Ces vieux hypocrites, ils n'avaient qu'à apprendre à s'occuper de leur propres affaires et laisser les autres vivre tranquille. Tea Cake ne faisait pas plus de mal au monde à essayer de gagner un peu de sous qu'eux autres passaient leur temps à en faire avec leurs langues de menteurs. Tea Cake avait plus de bonté sous ses ongles d'orteils qu'eux autres dans leurs soi-disant cœurs de chrétiens. Y avait pas intérêt qu'elle entende jamais aucun de ces débineux parler sur son mari ! S'y te plaît, Jésus, laisse jamais ces méchants nègues faire du mal à son bougue. S'y font ça,

Seigneur Jésus trouve-lui un fusil et une bonne occasion de les tuer tous. Tea Cake avait un couteau ça c'est vrai, mais c'était seulement pour se protéger lui-même. Dieu sait que Tea Cake ferait pas de mal à une mouche.

Le jour s'immisçait par les failles du monde lorsque Janie entendit frapper un faible coup à la porte. Elle bondit et l'ouvrit tout grand. Tea Cake était là, debout mais comme endormi. C'était étrange et d'une certaine manière terrifiant. Janie le saisit par le bras pour le réveiller et il fit un pas trébuchant dans la pièce avant de s'effondrer.

« Tea Cake ! Enfant que tu es ! Qu'est-c'est qui se passe, chou ?

— M'ont tailladé, c'est tout. Pleure pas. Sors moi de ce manteau si vite comme tu peux. »

Il lui assura qu'il n'était que deux fois entaillé mais il fallut qu'elle le déshabille complètement pour l'examiner partout et le soigner comme elle put. Il lui demanda de ne pas appeler le docteur sauf si ça empirait vraiment. Après tout c'était rien que du sang perdu.

« J'ai gagné l'argent juste comme je t'ai dit. Autour de minuit j'avais eu repris tes deux cents dollars et j'étais tout prêt à quitter même si c'était qu'y avait un plein tas plusse de sous dans le jeu. Mais eux autres y voulaient une chance de se récupérer donc alors moi j'ai pris une nouvelle assise pour jouer une pogne de plus. Je savais ça que Double-Ugly était au proche de craquer et qu'il était en lutte contre ça, et donc j'ai pris une assise pour lui donner sa chance de reprendre son argent et après l'envoyer rapide aux enfers si c'était qu'y voulait essayer de tirer sa lame de rasoir que je lui avais vue en poche. Chère, y a pas aucun homme du temps qui court qui va aller niaiser avec un simple rasoir. L'homme avec son cran d'arrêt y t'aura déjà eu tailladé jusqu'à la mort pendant que toi tu seras encore en train de niaiser avec ton rasoir. Mais l'autre Double-Ugly est là à se vantarder qu'il est trop rapide avec ça pour se faire blesser, tandis que moi je savais que non.

Donc autour de minuit j'ai eu fini de racler le monde là complet – eux tous sauf deux qui se sont levés pour partir sitôt fait qu'y ont gagné l'argent pour faire leur épicerie, et un autre qu'était en chance. Après je me lève pour les saluer encore. Y a pas personne parmi eux qui précie ça, mais eux tous y ont vu que c'était du juste. Que moi je leur ai donné une vraie chance. Eux tous sauf Double-Ugly. À prétendre que j'ai changé les dés. J'ai seulement enfoncé l'argent au fond de ma poche et j'ai ramassé mon chapeau et mon manteau avec ma main gauche et j'ai laissé ma main droite dessus mon couteau. Moi ça me faisait rien tout ça qu'y pouvait dire, si tant qu'il était pas à essayer de rien faire. Je mets mon chapeau et un bras dans mon manteau pour commencer à marcher vers la porte. Et là y saute sur moi juste quand je me tourne pour voir les marches dehors et y me taillade deux coups dans le dos.

Bèbe, j'ai vitement glissé l'autre bras dans ma manche de manteau et j'ai trapé ce nègue par sa cravate avant qu'y va même broncher et après j'étais sur lui pareil comme la sauce sur le riz. L'a perdu son rasoir pendant qu'y s'efforçait que je le laisse chapper. Et y beuglait à dire que moi je dois le laisser chapper mais bèbe, moi j'ai tout laissé sur lui sauf le laisser chapper. L'ai laissé à terre sur les marches et chuis arrivé ici le plus rapidement que je pouvais. Je sais qu'y m'a pas trop tailladé profond vu qu'il était trop épeuré pour venir assez proche sur moi. Y a qu'à coller les chairs ensemble avec du sparadrap. Pour moi ça va aller très bien dans un jour ou deux. »

Janie le badigeonnait à la teinture d'iode et pleurait.

« C'est pas toi qui doit être à pleurer, Janie. C'est sa bonne femme à lui. Toi tu m'as donné ma chance. Garde voir dans ma poche de gauche et vise ça que ton daddy a pris pour toi. Quand je te dis que je vais t'apporter une chose, je mens pas. »

Ils avaient compté ensemble – trois cent vingt-deux dollars. Tout comme si Tea Cake était allé braquer l'Agent de Paye. Il lui avait fait reprendre les deux cents dollars et les remettre dans sa cache secrète. Ensuite Janie lui avait parlé de l'argent qu'elle avait encore à la banque.

« Mets ces deux cents dollars avec tout le restant, Janie. Y a mes dés. Moi j'ai pas aucunement besoin d'assistance pour nourrir ma femme. À partir de dorénavant tu vas manger les choses que mon argent seul pourra payer et tu vas t'habiller de même. Quand moi j'aurai rien toi t'auras rien pareil.

— Ça me va bien. »

Il était somnolent, mais il la pinça gentiment à la jambe parce qu'il était heureux qu'elle prenne les choses comme il avait espéré qu'elle le fasse. « Coute voir ça, maama, bientôt quand je vais me lever de cette égratignure de rien, nous deux on va s'en aller à faire quèque chose de fou.

— Quoi ça ?

— On va s'en aller dans la muck.

— C'est quoi la muck ? C'est où ça se trouve ?

— Oh c'est une place là-bas dans les Everglades aux entours de Clewiston et Belle Glade où y font pousser toutes les cannes et les haricots longs et les tomates. Les gens là-bas y font rien d'autre qu'à faire de l'argent et de l'amusement et des folies. Faut ça qu'on s'en alle là-bas. »

Alors il se laissa glisser au fond du sommeil et Janie qui le regardait se sentit monter un amour écrasant. Et son âme pas à pas s'extirpa de son repli.

14.

Aux yeux étrangers de Janie, tout dans les Everglades paraissait grand et nouveau. Le grand lac Okechobee, les grands haricots, les grandes cannes à sucre, les grandes herbes, tout était grand. Des herbes qui vaillamment grimpaient à hauteur de taille dans le nord de l'état montaient ici jusqu'à huit et souvent dix pieds de haut. Une terre si riche que tout y poussait à la sauvage. De la canne en veux-tu en voilà qui prenait toute la place. Des routes de terre si riche et si noire qu'un seul demi-mile aurait suffi à fertiliser tous les champs de blé du Kansas. Canne sauvage de chaque côté de la route, masquant le reste du monde. Les gens, sauvages aussi.

« La saison elle va pas s'ouvrir avant que septembre soye à son boutte, mais fallait ça qu'on arrive en avance pour qu'on se trouve une chambre où rester, expliqua Tea Cake. Dans deux semaines, y aura si tant de gens ici qu'y vont même pas essayer de chercher une chambre, vont juste chercher une place où dormir. Maintenant nous on a une chance pour trouver une place à l'hôtel, où y ont une baignoire. Tu peux pas vivre dans la muck si c'est pas que tu peux prendre un bain à chaque jour. Que la boue ici ça va te piquer pareil comme les fourmis. Y a juste une seule place ici avec une baignoire. Pas moindrement assez de chambres en aucun parage.

— Nous on va faire quoi aux entours d'ici ?

— Le jour je serai à cueillir des haricots. La nuit je

serai à gratter ma caisse et lancer mes dés. Entre les haricots et les dés c'est pas possible que je soye perdant. Toussuite maintenant je vais partir me cueillir une djob à ouvrer avec les meilleurs gars de la muck. Avant même que le restant d'eux autres vont arriver. Tu peux toujours trouver une djob aux entours d'ici quand c'est le temps de la saison, sauf que ça sera pas avec les gens qu'y faut.

— Quand ça la djob va s'ouvrir, Tea Cake ? Tout le monde ici a l'air qu'y sont en train d'attendre.

— C'est vrai. Les big boss y prennent un certain temps avant d'ouvrir la saison pareil comme pour toutes les choses. Mon boss-man a pas amassé de graines en suffisance. Y est parti à en prendre encore d'autres boisseaux. Après on s'en allera les planter.

— D'autres boisseaux ?

— Ouais, des boisseaux. Ça c'est pas un jeu pour les ptis sous. L'homme pauvre a pas aucune affaire à jouer dans ce show-là. »

Le jour d'après il était revenu tout excité dans la chambre, comme une trombe. « Mon boss a déjà eu racheté tout d'un autre et y me veut là-bas au bord du lac. Y a des maisons là-bas pour les premiers qui vont se pointer. Viens on y va ! »

Ils s'étaient cahotés neuf longs miles dans une auto empruntée avant d'arriver dans les quartiers de baraquements entassés près du grand lac déployé d'Okechobee, si proches que seule la digue les en séparait. Janie s'affaira à organiser un foyer dans le cabanon pendant que Tea Cake s'employait à planter des haricots. Après le travail ils allaient à la pêche. De temps à autre ils croisaient des groupes d'Indiens dans leurs canots étroits et longs, gagnant calmement leur vie sur les pistes sans tracés des Glades. Pour finir on arriva au bout du semis. Pas grand-chose d'autre à faire que d'attendre la cueillette. Tea Cake grattait bien souvent sa caisse pour Janie, mais tout de même il manquait d'occupations. Pas la peine qu'il aille se mettre au jeu déjà. Une marée de gens affluait, mais sans le sou. Ils ne venaient pas avec de l'argent, ils venaient pour en gagner.

« Sais-tu, Janie, on va s'acheter de quoi pour tirer et on va s'en aller chasser aux entours.

— Ça serait bien chouette ça, Tea Cake, sauf seulement que tu sais bien que je sais pas tirer. Mais j'aimerais ça fort, aller avec toi.

— Ah mais faut que t'apprennes comment. Ça sert de rien que tu soyes à pas connaître comment on fait pour tirer. Même si c'est que tu prends jamais aucun gibier, t'as toujours une raclure de canaille en quèque part qui nécessite d'être cadavré comme y faut. » Il rit. « Viens on s'en va à Palm Beach pour dépenser un peu les sous qu'on a. »

Tous les jours ils s'entraînaient. Tea Cake la faisait tirer sur des petites cibles pour lui apprendre à bien viser. Pistolet, fusil de chasse, carabine. Tout ça finit par attirer les autres, qui venaient se planter en cercle à les regarder. Certains hommes suppliaient qu'on les laisse tirer aussi sur les cibles. La chose faisait sensation dans la muck. Mieux que d'aller au jook ou au billard, sauf si un orchestre était spécialement prévu pour faire danser du monde. Ce qui les épatait tous c'était de voir comment Janie prenait bien le coup. Et il en vint qu'elle fut capable de tirer sur un faucon au milieu d'un pin sans le déchiqueter. Juste lui dézinguer la tête. Et il se trouva qu'elle était meilleure au tir que Tea Cake. Ils partaient toutes les fins d'après-midi et revenaient chargés de gibier. Une nuit ils avaient pris un bateau pour aller à la chasse aux alligators. Braqué la lumière sur les yeux phosphorescents et tiré dessus dans le noir. Ils pourraient vendre la peau et les dents à Palm Beach en plus de s'être bien amusés ensemble en attendant que le travail s'empresse.

Jour après jour maintenant, des hordes de travailleurs se déversaient. Certains arrivaient clopinant dans leurs chaussures et les pieds meurtris par la marche. Dur d'essayer de suivre sa chaussure au lieu d'être suivi par elle. Ils venaient en chariot du haut de la Georgie, ils venaient par camions entiers de l'est, de l'ouest, du nord et du sud. Des vagabonds permanents sans nulle attache, des hommes à l'air harassé voyageant en tacot avec leur famille et leur chien. Toutes les nuits et tous les jours, tous pressés d'aller cueillir des haricots. Des poêlons, des lits, des chambres à air rafistolées de partout et qui pendent et bringuebalent sur les vieilles guimbardes au-dehors, au-dedans une humanité pleine d'espoir, s'attroupant et s'empêtrant, s'enfonçant haletante dans la muck. Tous enlaidis par l'ignorance, brisés par la pauvreté.

Toutes les nuits maintenant les jooks retentissaient de clameurs et d'éclats. Les pianos vivaient trois vies en une seule. Les blues se composaient et se consumaient sur place. Danser, cogner, chanter, pleurer, rire, gagner ou perdre un amour à toute heure. S'échiner tout le jour pour de l'argent, cogner toute la nuit pour un amour. La terre noire et riche qui te colle au corps et te mord la peau comme les fourmis.

Pour finir on arriva à bout des endroits où dormir. Les hommes faisaient de grandes flambées et par paquets de cinquante ou soixante ils dormaient autour des feux. Mais il fallait payer l'homme à qui appartenait le terrain. Il s'occupait du feu comme il l'aurait fait d'une auberge – pour que ça rapporte. Personne n'y voyait à redire. Tous gagnaient pas mal d'argent, même les enfants. Alors ils dépensaient pas mal d'argent. Le mois prochain et l'année prochaine, c'était le temps d'après. Pas la peine de mélanger ça avec le présent.

La maison de Tea Cake était un aimant, le centre officieux de la djob. Quand il s'installait sur son pas de porte et qu'il se mettait à jouer de la guitare les gens s'arrêtaient pour l'écouter et peut-être même qu'ils feraient faux bond au jook ce soir-là. Il était toujours à rire et à blaguer aussi. Il faisait tout le temps rire son monde dans le champ de haricots.

Janie restait à la maison et faisait bouillir de grandes marmites de haricots à l'œil noir avec du riz. Quelquefois elle mijotait de grandes fournées de haricots blancs avec plein de sucre et de belles tranches de lard dessus. Ce plat Tea Cake l'adorait, alors même quand Janie lui avait déjà préparé des haricots deux ou trois fois dans la semaine, le dimanche venu ils mangeaient encore des haricots gratinés. Et puis elle arrangeait toujours un genre de dessert, parce que Tea Cake disait que ça lui faisait un petit quelque chose pour terminer en douceur. Quelquefois elle remettait de l'ordre dans leur deux pièces et prenait la carabine et quand Tea Cake rentrait à la maison pour souper il y avait du lapin frit. Pas question de le laisser à fourmiller et se gratter dans ses habits de travail non plus. La bouilloire d'eau chaude l'attendait toujours quand il rentrait.

Et puis Tea Cake avait commencé d'apparaître à la porte de la cuisine à des heures bizarres. Entre le petit déjeuner et le déjeuner, parfois. Et souvent vers deux heures de l'après-midi il rentrait chez eux et l'asticotait et jouait à lutter avec elle pendant une demi-heure avant de retourner en douce au travail. Un jour elle finit par lui poser la question.

« Tea Cake, tu fais quoi à t'enrevenir aux quartiers ici quand tout le restant du monde sont encore à l'ouvrage ?

— Chuis là pour voir comment ça va pour toi. Ça se peut que le boogie-man y ait idée de te prendre avec lui pendant le temps que chuis pas là.

— Y a pas aucun boogie-man qui m'a pris pour étudier mon cas. Ça se trouve tu crois que je te traite pas comme y faut et t'es là pour me zyeuter.

— Naaan, naaan, Janie. J'ai vraiment plusse de bon sens que ça. Mais vu que t'as déjà ces choses dans la tête, moi faut ça que je te dise la vraie vérité, comme ça tu sais. Janie, moi je me prends de solitude là-bas tout le jour long sans toi. Maintenant, ça serait mieux pour toi de prendre une djob à ouvrer là-bas comme le restant des femmes – comme ça je vais plus perdre de temps à m'en-revenir ici.

— Tea Cake, t'es pas possible ! Comment ça tu peux pas faire sans moi dans le temps de ce pti temps.

— C'est pas moindrement un pti temps. C'est presque comme tout un jour. »

Alors dès le lendemain matin Janie s'apprêta pour accompagner Tea Cake à la cueillette des haricots. Une onde de murmures étouffés se fit entendre quand elle ramassa un panier pour se mettre au travail. Déjà que toute la muck tendait à la voir comme un cas à part. La plupart des gens supposaient que Janie se croyait trop bien pour travailler comme les autres femmes et que c'était Tea Cake qui lui montait la tête comme ça. Mais les joyeusetés et les amusements auxquels ils se livraient dans le dos du boss-man toute la journée la rendirent bientôt populaire. Du coup c'était le champ tout entier qui par moment basculait dans la rigolade. Ensuite Tea Cake l'aidait à préparer le souper.

« Tu crois quand même pas que chuis en train d'essayer que je vais arrêter de prendre soin de toi, eï Janie, vu que chuis allé te dire de venir besogner ensemble avec moi ? lui demanda Tea Cake à la fin de cette première semaine de Janie dans le champ.

— Ah naaan, cher. Moi j'aime ça. C'est plusse chouette que d'être à rester assise tout le jour dans les quartiers. Faire la vendeuse dans le magasin là-bas c'était pénible, mais nous ici, on n'a rien d'autre à faire que seulement la djob qu'on a et après ça rentrer chez nous et s'aimer. »

La maison se remplissait de visiteurs tous les soirs. C'est-à-dire, même tout autour de leur pas de porte c'était rempli. Certains venaient pour écouter Tea Cake gratter sa caisse ; certains pour faire parlotte et se conter des histoires, mais la plupart venaient pour se mêler à la partie qui se jouait ou allait forcément se jouer là. Quelquefois Tea Cake perdait gros, car il y avait un certain nombre de bons joueurs au bord du lac. Quelquefois c'était lui qui gagnait et cela rendait Janie bien fière de son talent. Mais en dehors des deux jooks du coin, tous les à-côtés du boulot se passaient aux abords de ces deux-là.

Parfois Janie repensait aux jours anciens dans la grande maison blanche ou au magasin et elle riait pour elle-même. Et si Eatonville la revoyait tout à coup dans sa salopette en jean et ses lourdes godilles. Avec cette foule de gens autour d'elle et une partie de dés sur son plancher ! Elle était bien en peine pour ses amies là-bas et n'était que mépris pour les autres. Les hommes ici tenaient entre eux de grandes querelleries tout comme le faisaient ceux de la véranda du magasin. Seulement ici, elle avait le droit de les écouter et de rire et même d'avoir son mot à dire si ça lui chantait. À force d'écouter les autres elle en vint bientôt à pouvoir elle-même raconter de sacrées histoires. Parce qu'elle adorait écouter, et que les hommes eux adoraient s'écouter, ils ambiançaient tant qu'ils pouvaient les parties à coups de « woof » et autres « boogaboo ». Même quand ça prenait rude tournure, les gens se mettaient rarement en colère, parce que tout ça c'était toujours pour rire. Tout le monde aimait ça, écouter Ed Dockery, Bootyny et Sop-de-Bottom dans une partie d'arnaque. Un soir Ed Dockery distribuait et quand il avisa la carte de Sop-de-Bottom il devina que Sop se voyait déjà gagnant. Il brailla, « M'en vais te casser ce tas d'œufs ici ! » Sop le regarda et dit, « Tire la lame. » Bootyny demanda, « Qu'est-c'est tu vas faire ? Fais. Fais. » Tout le monde attendait de voir quelle carte allait sortir au prochain coup. Ed se prépara à la retourner. « M'en vais balayer l'enfer et rôtir le balai. » Il abattit un autre dollar. « La ramène pas trop, Ed, le défia Bootyny. Tu vires jaune au boutte. » Ed avisa le coin de la carte. Sop lâcha un dollar. « M'en vais tirer dans le corbillard, que ça me fait rien les funérailles même si ça serait si tant triste », dit Ed. « Tu vois comme l'homme-là te cherche jusqu'à la mort ? » dit Tea Cake qui essayait de dissuader Sop de miser. « Tu vas te prendre une bordée de plomb si tu fais pas attention, dit Sop, l'ours-là c'est rien d'autre que du poil qui frise. Moi je peux regarder dans la boue et voir la terre sèche à travers. » Ed retourna la carte et brailla, « Zachariah, moi je te dis, descends du sycomore là-haut. Toi tu sais pas faire aucune affaire. » Personne ne s'intéressait à cette carte-là. Tout le monde avait peur de celle d'après. Ed jeta un coup d'œil autour de lui et quand il aperçut Gabe debout derrière sa chaise il brailla, « Quitte de là derrière moi, Gabe ! T'es trop noir. T'attires du chaud ! Sop tu veux pas ramasser la mise du temps que t'en as la chance ?

— Naaan, maaan. J'aimerais ça avoir un millier de bras à mettre dessus.

— Fait que tu veux pas rien écouter ce que je dis,

hunh ? Nigaud de nègues et l'école gratuit. M'en vais prendre et t'apprendre. Moi ça sera la grande voie et tu me verras pas aucunement dérouter. » D'un coup Ed retourna la carte suivante et Sop tomba vaincu. Tout le monde se mit à brailler et rire. Ed rit et dit : « Quitte ici de la muck ! Toi t'es rien. C'est tout ! Même l'eau chaude en train de bouillir peut pas t'aider de rien. » Si Ed continuait à rire c'était qu'il avait eu très peur jusque-là. « Sop et Bootyny et tous les vous autres qui m'ont laissé gagner votre argent : moi j'envoie ça direct chez Sears et Roebuck pour m'acheter de l'habit, et quand je vais retourner le jour de Noël, ça va prendre un docteur pour me dire jusqu'à combien proche de la mort chuis habillé. »

15.

Janie découvrit ce que cela voulait dire d'être jalouse. Une petite gamine trapue s'était piquée de faire son amusement avec Tea Cake dans les champs et aux quartiers. Quoi qu'il dise, elle en prenait le contrepied et lui donnait une tape ou le poussait et s'en allait en courant pour l'inciter à la pourchasser. Janie savait bien ce qu'elle avait derrière la tête – l'attirer loin du monde. La chose avait duré deux ou trois semaines et chaque fois Nunkie s'enhardissait un peu plus. Elle donnait une tape taquine à Tea Cake et dès l'instant où il réagissait ne serait-ce que par une chiquenaude elle lui tombait dessus de tout son long ou tombait par terre et il fallait l'aider à se relever. Tout juste si elle en avait la force. C'était toute une affaire de la manœuvrer pour la remettre sur pied. Puis autre chose encore, Tea Cake n'avait pas l'air de savoir comment se débrouiller pour l'esquiver aussi vite que Janie s'attendait à ce qu'il le fasse. Elle devenait un peu cassante. Une petite graine de peur poussait, devenant arbre. Et si un jour Tea Cake flanchait. Et s'il avait déjà secrètement encouragé la chose et que tout ça n'était qu'une manière de s'en vanter pour Nunkie. D'autres gens commençaient à s'en rendre compte aussi, et Janie ça lui donnait d'autant plus à se demander.

C'était un jour où ils étaient à travailler près de l'endroit où les haricots s'arrêtent pour laisser place à la canne. Janie s'était un peu écartée de Tea Cake pour aller papoter avec une autre femme. Et quand elle avait jeté un coup d'œil à l'entour Tea Cake n'était plus là. Nunkie non plus. Janie le savait parce qu'elle avait bien regardé.

« Où est Tea Cake ? » avait-elle demandé à Sop-de-Bottom. Il avait tendu le bras vers le champ de canne à sucre et s'était éloigné en vitesse. Janie n'avait pas réfléchi. Elle avait agi sous le coup de l'émotion. Elle s'était précipitée dans le champ de canne et à peu près au cinquième rang elle avait trouvé Tea Cake et Nunkie en train de se bousculer. Elle était sur eux avant même qu'ils sachent.

« Y se passe quoi ici ? » demanda Janie d'une voix glacée par la rage. D'un bond ils s'écartèrent l'un de l'autre.

« Rien, lui dit Tea Cake, penaud.

— Et donc t'es en train de faire quoi ici ? Pourquoi ça que t'es pas là-bas avec le reste de nous autres ?

— C'est elle qui m'a trapé mes bons de travail dans ma poche de chemise et moi j'ai couru pour les reprendre », expliqua Tea Cake en montrant les bons, considérablement esquintés par la bousculade.

Janie voulut s'avancer pour attraper Nunkie mais la gamine s'enfuit. Alors elle se lança à ses trousses en enjambant les rangs de cannes empilées. Mais Nunkie n'avait pas l'intention de se laisser rattraper. Alors Janie finit par rentrer chez elle. De voir ces champs et tous ces gens joyeux c'était trop pour elle ce jour-là. Elle marcha lentement, pensivement, jusqu'aux quartiers. Bien vite Tea Cake l'y retrouva pour essayer de parler avec elle. Elle lui coupa la chique d'un coup de poing et ils commencèrent à se battre d'une pièce à l'autre, et Janie qui essayait de le frapper, et Tea Cake qui n'arrêtait pas de l'attraper par les poignets ou ailleurs pour l'empêcher d'aller trop loin.

« Sûre que tu fais que la peloter depuis ! lança-t-elle haletante et furieuse.

— Pas rien du tout de la sorte ! rétorqua Tea Cake.

— Sûre que si !

— Plus grand la menterie, plus sûre la personne qui va croire ça ! »

Ils continuèrent à se battre. « Tu m'as déjà eu déchiré le cœur, et maintenant tu viens avec une menterie pour me percer les oreilles ! Laisse aller mes mains ! » enrageait Janie. Mais Tea Cake ne relâcha pas son étreinte. Ils luttèrent jusqu'à s'étourdir de leurs propres exhalaisons et fulminations ; jusqu'à déchirer leurs vêtements ; jusqu'à ce qu'il la précipite à terre et la plaque là pour que fonde en elle toute résistance, par la chaleur de son corps sur elle, par toutes les choses auxquelles leurs deux corps se livraient pour exprimer l'inexprimable ; l'embrassant jusqu'à ce que son corps se cambre pour rejoindre le sien et tous deux s'endormirent d'un doux éreintement.

Le lendemain matin, comme une femme, Janie demanda, « Tu l'aimes encore la Nunkie ?

— Naaan, jamais je l'ai aimée, et tu le sais en plusse de ça. Moi je voulais pas d'elle.

— Si, tu voulais. » Elle n'avait pas dit ça parce qu'elle le croyait. Elle voulait l'entendre dire non. Elle avait besoin de crailler sur la dépouille de Nunkie terrassée.

— Qu'est-c'est je vais aller faire avec ce bout rabougri de femme quand toi t'es aux entours ? Elle est pas moindrement bonne à rien sauf à se mettre dans un coin auprès du fourneau pour qu'on va casser du bois sur sa tête. Toi t'es une chose à faire oublier à un homme de prendre de l'âge et le faire oublier de mourir. »

16.

La saison prit fin et les gens repartirent comme ils étaient venus – en foule. Tea Cake et Janie décidèrent de rester parce qu'ils avaient envie de passer encore une saison dans la muck. Il n'y avait plus rien à faire, après qu'ils eurent terminé de rassembler quelques boisseaux de haricots secs pour les mettre de côté afin de les vendre aux planteurs à l'automne. Alors Janie se mit à regarder autour d'elle et vit des gens et des choses qu'elle avait passé toute la saison à ne pas remarquer.

Par exemple, tout l'été quand elle entendait les rythmes subtils et envoûtants des tambours bahaméens, elle allait se joindre à eux pour regarder les danses. Elle ne raillait pas dédaigneusement les « Joueurs de Scies » comme elle avait entendu d'aucuns le faire tout au long de la saison. Elle en vint même à les apprécier fort et ne manquait pas de se rendre chaque soir aux danses avec Tea Cake, tant et si bien que les autres les taquinaient à ce sujet.

Janie avait aussi fait la connaissance de Mrs. Turner. Elle l'avait croisée à plusieurs reprises pendant la saison, mais elles ne s'étaient jamais adressé la parole. Maintenant elles étaient copines à se visiter.

Mrs. Turner était une femme laiteuse de l'espèce qui ne connaît pas le retour de couches. Elle avait les épaules un peu voûtées, et elle devait être très consciente de son bassin car elle le basculait toujours vers l'avant pour l'avoir toujours à l'œil. Tea Cake se moquait souvent de son allure quand elle avait le dos tourné. Il racontait qu'elle avait été modelée par une vache qui lui aurait mis une ruade dans le derrière. Qu'elle était une planche à repasser avec du bazar jeté dessus. Et que quand elle était bébé la même vache lui avait pris sa bouche pour marcher dessus jusqu'à l'étaler bien grand entre un menton et un nez qui venaient presque se toucher.

Mais l'allure et le visage de Mrs. Turner étaient entièrement du goût de Mrs. Turner. Son nez était légèrement en pointe et elle en était fière. Ses lèvres pincées étaient à ses yeux un ravissement perpétuel. Même son postérieur en bas-relief lui était source d'orgueil. Dans son idée toutes ces particularités la distinguaient des nègres. Voilà pourquoi elle cherchait à se lier d'amitié avec Janie. Le teint café au lait de Janie et sa chevelure luxuriante faisaient que Mrs. Turner lui pardonnait de porter cette salopette comme les autres femmes qui travaillaient au champ. Elle ne lui pardonnait pas de s'être mariée avec un homme aussi noir que Tea Cake, mais elle avait le sentiment de pouvoir remédier à cela. C'était la mission pour laquelle son frère était venu au monde. Elle ne s'attardait guère lorsque Tea Cake se trouvait à la maison, mais quand il lui arrivait de passer à l'improviste et de trouver Janie seule, elle restait des heures à discutailler. Son sujet défavori, c'était les nègres.

« Miz Woods, moi je dis toujours à mon mari, je vois pas comment une dame de l'acabit de Miz Woods elle peut endurer avec tous ces nègues de plate engeance qui sont à traîner aux entours de chez elle tout le temps.

— À moi y me font pas moindrement du trouble, Miz Turner. La chose en vérité, y me font bien rire avec leurs parleries.

— Vous avez plusse de cran que moi. Quand mon

mari y s'est fait dire qu'y fallait qu'y descende pour ouvrir une place à gargoter ici moi j'ai jamais imaginé qu'y avait si tant plein de sortes de noirs différents qui pouvaient s'assembler dans une seule place. Que j'aurais su ça je serais pas venue. C'est pas dans mon usage de me tenir en fréquentation avec des noirs. Mon fils y dit qu'y sont qu'à attirer la foudre. »

Elles eurent un petit rire et après plusieurs conversations de cet ordre Mrs. Turner dit :

« Votre mari ça doit se trouver qu'il avait plein de sous quand vous l'avez marié.

— Qu'est-c'est qui vous fait penser ça, Miz Turner ?

— Pour qu'y soye à dégoter une femme de votre acabit. Vous avez plusse de cran que moi. Moi je pouvais juste pas me voir mariée avec aucun homme noir. Des noirs y en a trop déjà. Nous faut ça qu'on clairifie la race.

— Naaan, mon mari l'avait pas rien d'autre que sa propre personne. Y est facile à aimer si on roule du bon temps avec lui. Et moi je l'aime.

— Voyons donc, Miz Woods ! Moi je le crois pas. Vous êtes juste comme pnotisée puis c'est tout.

— Naaan, c'est du vrai. Moi je pourrais pas endurer avec ça si c'était qu'y va me laisser. Je sais pas ce que je ferais. Lui quand même si c'est le temps de la grisaille y peut prendre n'importe quelle petite chose et faire de l'été avec. Et là maintenant on vit sur le bonheur qu'il a fabriqué jusqu'à tant qu'y nous vienne plusse de bonheur encore.

— Vous êtes différente que moi. Moi je peux pas endurer avec les nègues noirs. Je peux pas blâmer les blancs de les haïr vu que moi-même ici je peux pas endurer avec eux. Puis autre chose, j'haïs ça de voir des gens comme moi et vous s'accointer avec eux autres. Nous faut ça qu'on se tienne dans le haut panier.

— On peut pas faire ça. Nous autres on est un peuple de gens mêlés et on a tous de la parenté noire ensemble avec de la parenté jaune. Comment ça se trouve que vous êtes si tant contre les noirs ?

— Ah y me font bien beaucoup de fatigue. Toujours à rire ! Y rient trop et y rient trop fort. Toujours à chanter leurs vieux chants de nègues ! Toujours à faire le macaque pour les blancs. Si c'était pas qu'y avait pas tous ces nègues noirs y aurait pas de problème de race. Les blancs y nous prendraient ensemble avec eux. C'est les noirs qui nous font rester en arrière.

— Croyez ça ? Moi j'ai jamais beaucoup réfléchi dessus certain. Mais je me figure pas ça qu'y vont nous vouloir comme compagnie. Nous autres on est trop pauvres.

— C'est pas question de pauvreté. C'est question de couleur et physionomie. Qui c'est qui va jamais vouloir d'un pti bébé noir couché dans la poussette comme ça qu'on dirait une mouche prise dans le babeurre ? Qui c'est qui va vouloir s'accointer avec je sais quel noir rouillé, ou une noiraude en train de descendre la rue dans toutes ses couleurs qui crient, et à gueuler et brailler et rire de rien ? Moi je sais pas. Allez pas aussi me ramener aucun docteur nègue dessus mon lit de malade. Moi j'ai eu porté six tizenfants à moi – pas eu la chance d'en voir grandir aucun sauf à part ce seul ici – et jamais aucun nègue est même venu seulement palper mon pouls. Les docteurs blancs c'est à eux seuls que je donne mon argent. Et je vais pas dans aucun magasin de noirs pareillement. Les personnes de couleur y connaissent rien aux affaires. Loawd délivre-moi ! »

Mrs. Turner dans sa véhémence fanatique en était presque à hurler. Janie se tenait coite et abasourdie, poussant quelques gloussements affables et se désolant de ne rien trouver à répliquer. Il apparaissait très clairement que Mrs. Turner voyait l'existence des noirs comme un affront dirigé contre sa personne.

« Regardez-moi ! Moi j'ai pas le nez écrasé ou la lippe comme du foie. Moi je suis une femme avec de la physionomie. Moi j'ai de la physionomie de blanc dans ma figure. N'empêche même faut toujours que je soye trimballée avec tout le restant d'eux autres. C'est pas du juste. S'y nous prennent pas ensemble dans le haut panier des blancs, alors faut qu'y nous en fassent un spécial pour nous autres.

— À moi ça me fait pas moindrement du trouble, mais je me figure ça que j'ai pas vraiment une tête pour penser.

— Faudrait ça que vous rencontrez mon frère. Y est vraiment fin. L'a des cheveux raides lisses. Y l'ont fait délégué de la Convention des Écoles du Dimanche et y leur a lu un papier sur Booker T. Washington et y l'a taillé en pièces !

— Booker T. ? C'était un fameux grand homme, non ?

— C'était supposé. Tout ça qu'il a fait c'était seulement faire le macaque pour les blancs. Alors y lui ont monté la tête. Mais vous-même vous savez ça que les anciens y disent que plus haut le macaque va monter plusse qu'on va voir son derrière alors c'est comme ça que c'était avec Booker T. Mon frère y le rossait à toutes les fois qu'on lui donnait sa chance de parler.

— Moi tout cas on m'a eu éduquée sur l'idée que c'était un fameux grand homme, fut tout ce que Janie sut dire.

— Y a pas fait rien d'autre que nous faire rester en arrière – à parler de travail pendant que la race elle a jamais rien fait que ça. Lui c'était un ennemi pour nous, tout juste ça. Un nègue de blancs que c'était. »

Si Janie devait en croire ce qu'on lui avait enseigné, ce qu'elle entendait là était parole sacrilège et donc elle resta assise sans rien dire. Mais Mrs. Turner continua.

« J'ai eu fait chercher mon frère pour qu'y vienne rester un temps avec nous ici. Y est comme qui disait désemployé de ce temps-ci. Moi je voudrais ça vous faire rencontrer tous les deux spécialement. Vous et lui vous feriez un chouette de couple si vous seriez pas déjà mariée. C'est un fin bon charpentier, quand c'est qu'y trouve à ouvrager.

— Ouais, peutête bien. Mais moi maintenant je suis mariée, donc y a pas aucun usage à considérer ça. »

Mrs. Turner ne se leva pour partir qu'après avoir discouru avec fermeté à propos de quelques autres points de vue qu'elle avait, sur elle-même ou sur son fils ou sur son frère. Elle supplia Janie de passer la voir quand elle voulait, mais pas une seule fois elle ne prononça le nom de Tea Cake. Pour finir elle s'en alla et Janie se hâta de gagner la cuisine pour s'atteler à la préparation du souper et c'est là qu'elle vit Tea Cake assis la tête entre les mains.

« Tea Cake ! Mais je savais pas que t'étais rentré !

— Je sais que tu savais pas. J'étais ici un long temps à entendre cette génisse me balancer aux chiens ou essayer de te bobiner pour t'arracher de moi.

— Donc alors c'est ça qu'elle avait en derrière de sa tête ? Je savais pas…

— Sûr c'est ça. L'a son rien du tout de frère qu'elle veut que t'alles te colleter avec et comme ça je me figure que tu peux prendre soin de lui.

— Schocks ! Si c'est ça qu'elle a l'idée elle est en train d'aboyer après le mauvais arbre. Moi j'ai plein mes mains déjà.

— Merci plein ma tite dame. Moi j'haïs cette femme

comme le poison. Garde-là loin de chez nous ici. Avec son allure de femme blanche là ! Et son teint de meringue et ses cheveux qui collent à son crâne comme quatre-vingt-dix-neuf à cent ! Vu comme ça qu'elle haït les noirs, donc elle a pas besoin de nos sous dans sa vieille place à gargoter. M'en vais passer le mot partout. À la place d'elle on va aller manger chez le blanc puis là on aura du bon traitement. Elle et son avorton de mari ! Et le fils ! Lui c'est rien qu'une vilaine farce que ses entrailles lui ont joué. Moi je vais aller dire à son mari de la garder à la maison. Je la veux pas aux entours de chez nous. »

Un jour Tea Cake croisa Mr. Turner et son fils dans la rue. C'était un homme du genre évaporant, comme s'il y avait eu autrefois des parties de lui bien visibles séparément, et que désormais plus rien en lui n'échappait à l'amoindrissement et au flou. Tout comme si on l'avait poncé jusqu'à le réduire à une longue masse ovale. Tea Cake se sentit pris de pitié pour lui sans savoir pourquoi. Alors il ne lui balança pas la flopée d'injures qu'il avait préparée. Mais il ne put tout contenir. Ils parlèrent un temps des perspectives de la saison à venir, puis Tea Cake dit : « Votre femme elle a pas l'air d'avoir grand-chose à faire alors elle fait des tas de visites. Ma femme elle a trop à faire pour aller faire des visites et trop aussi pour passer du temps à parler avec les gens qui la visitent.

— Ma femme elle prend du temps pour n'importe tout ce qu'elle veut faire. Une forte tête de même. Eh oui. » Il rit d'un rire haut perché d'époumoné. « Les tizenfants la font plus rester à maison fait qu'elle part en visites quand ça lui prend le goût.

— Les tizenfants ? demanda Tea Cake, surpris. Vous en avez de plus minauds que lui ici ? » Il montrait le garçon, qui paraissait avoir une vingtaine d'années. « Moi j'ai pas jamais vu d'autres tizenfants à vous.

— Me figure bien que non, vu qu'y ont tous expiré avant qu'y soye né. On n'a pas été aucunement chanceux avec nos tizenfants. Lui on est chanceux de le voir grandir. Le dernier accomplissement de la nature exténuée. »

Il laissa de nouveau échapper son petit rire impotent et Tea Cake et le garçon y joignirent les leurs. Puis Tea Cake reprit son chemin et s'en fut retrouver Janie chez eux.

« Le mari là y peut pas rien faire du tout avec son abrutie de femme ! Tout ça que tu peux faire toi c'est la traiter froid quand elle sera de retour aux abords d'ici. »

Janie essaya, mais comme elle se trouvait en peine de parler sans ménagement à Mrs. Turner, il n'y avait rien qu'elle puisse faire pour la décourager complètement. Mrs. Turner se sentait honorée de compter Janie parmi ses fréquentations et bien vite elle pardonna et oublia les rebuffades pour la garder proche. Selon ses critères, quiconque avait l'air plus blanc qu'elle valait forcément mieux et par conséquent avait le droit de la traiter avec cruauté de temps en temps, de même qu'elle traitait avec cruauté les plus négroïdes qu'elle, en proportion directe avec leur dose de négritude. Exactement comme l'ordre hiérarchique dans un poulailler. Cruauté insensée envers ceux qu'on peut fouetter, soumission rampante devant ceux qu'on ne peut pas fouetter. Une fois les idoles érigées et leurs autels bâtis il allait de soi qu'elle devait les adorer là. Il allait de soi qu'elle devait accepter toutes les marques d'inconstance et de cruauté dont ferait montre la divinité qu'elle s'était choisie, comme tout adorateur le fait de la sienne propre. Tous les dieux à qui l'on rend hommage sont cruels. Sans quoi ils ne seraient pas adorés. C'est dans la souffrance aveugle que les hommes apprennent la peur et la peur est la plus divine des émotions. Elle est toutes les pierres de l'autel et elle est le commencement de la sagesse. Les demi-dieux sont adorés dans le vin et les fleurs. Les vrais dieux ont besoin de sang.

Mrs. Turner comme tous les autres croyants avait bâti un autel à l'inatteignable – des traits causasiens pour tous. Son dieu la châtiait, la précipitait du haut des cimes et l'égarait dans les déserts. Mais elle refusait d'abandonner ses autels. Derrière ses propos crus il y avait cette conviction que d'une manière ou d'une autre par la force de l'adoration elle parviendrait avec d'autres à atteindre ce paradis qu'elle s'était inventé – un ciel peuplé de séraphins blancs comme l'albâtre, le nez haut, les lèvres minces, les cheveux raides. L'impossibilité physique de la chose n'entamait en rien la foi. Là était le mystère et le mystère était la besogne des dieux. En plus de sa foi elle avait une volonté fanatique de défendre les autels de sa divinité. Il lui était atroce d'émerger de son temple intérieur pour se retrouver face à ces profanateurs noirs hurlant de rire devant la porte. Ah, mener une armée, terrifiante avec bannières et glaives !

Donc ce n'était pas à Janie Woods la femme qu'elle s'accrochait. Elle rendait hommage à ses traits caucasiens en tant que tels. Et quand elle était avec Janie elle avait le sentiment que s'accomplissait une transmutation, comme si elle-même devenait plus blanche et ses cheveux plus raides et elle haïssait Tea Cake d'abord parce qu'il souillait la divinité et ensuite parce qu'il proférait des moqueries derrière son dos. Si seulement elle savait quoi y faire ! Mais elle n'en savait rien. Un jour qu'elle se plaignait de tout ce bastringue au jook Tea Cake l'arrêta net : « Aoow, faites pas passer Dieu pour un imbécile de même – à trouver des fautes partout dans tout ça qu'Il a fait. »

Donc Mrs. Turner faisait presque tout le temps la tête. Elle avait tellement de choses à désapprouver. Tea Cake et Janie n'en faisaient pas grand cas. Ce n'était qu'un sujet de conversation pour occuper leur été quand toute la muck était à l'ennui. À côté de ça ils faisaient des petites virées à Palm Beach, Fort Myers et Fort Lauderdale pour s'amuser. Avant qu'ils s'en rendent compte le soleil avait commencé à fraîchir et de nouveau les foules se déversaient à flots sur la muck.

17.

Une grande partie des anciens étaient de retour. Mais il y avait aussi beaucoup de nouveaux. Certains faisaient des avances à Janie, et certaines sans savoir couraient après Tea Cake. Fallut pas longtemps pour les faire filer droit, par contre. Quand même de temps en temps, des jalousies survenaient d'un côté comme de l'autre. Lorsque le frère de Mrs. Turner arriva et qu'elle l'emmena faire connaissance, Tea Cake en eut le cerveau vrillé. Avant que la semaine se termine il avait fouetté Janie. Non que le comportement de Janie justifiât sa jalousie, mais parce que la fouetter soulageait la peur atroce qu'il avait en lui. Ça le rassurait sur ce qui était sa possession. Rien à voir avec une raclée brutale. Juste quelques claques pour montrer qui commandait. Le lendemain dans les champs tout le monde en avait parlé. Cela faisait naître une sorte d'envie chez les hommes comme chez les femmes. La façon qu'il la chouchoutait et la bichonnait comme si ces deux trois claques l'avaient pratiquement tuée, les femmes ça leur faisait voir des visions, et la façon qu'elle se cramponnait désespérément à lui, les hommes ça leur faisait rêver des rêves.

« Tea Cake, toi t'es un homme chanceux certain, lui dit Sop-de-Bottom. Une personne elle va voir toutes les places où tu l'as frappée. Te parie ça qu'elle a pas jamais levé sa main pour te frapper de retour, non plus. Mettons tu prends une de ces vieilles noires rouillées tu vas voir elle va te batailler toute la nuit longue et le jour d'après y a pas personne qui pourra jamais savoir que tu l'as frappée. C'est ça la raison pourquoi j'ai quitté de frapper ma femme. Tu peux pas faire de marque sur elle rien du tout. Loawd ! J'aimerais si tant ça fouetter une tendre pareil comme Janie ! Te parie ça qu'elle braille même pas. Fait juste qu'à pleuroter, eï Tea Cake ?

— En plein ça.

— Tu vois ! Moi ma femme elle va m'étaler ses poumons jusqu'à tant d'arriver au comté de Palm Beach, sans parler qu'elle va aussi me départir de mes dents de mâchoire. Toi tu connais pas ma femme comme elle est. Quatre-vingt-dix-neuf rangs de dents dans sa mâchoire et mettons tu la prends bien en rage, elle est capable à rentrer dans une roche dure et te la traverser jusqu'à sa fesse.

— Ma Janie c'est une dame du haut tempo et qu'a l'usage des choses. Moi je l'ai pas sortie du milieu de la route. Je l'ai sortie d'une grande belle maison. Présentement elle a assez de sous à elle dans la banque pour acheter tous ces zigaboo ici et même les donner.

— Ferme ta bouche ici ! Et elle vient ici-bas dans la muck comme n'importe quel chacun de nous ?

— Ma Janie elle va partout où moi je veux être. C'est la sorte de femme qu'elle est et moi c'est pour ça je l'aime. Je voudrais pas ça la valdinguer de tous bords. Je voulais pas ça la fouetter la nuit passée, mais c'est l'autre vieille Miz Turner qu'elle a envoyé chercher son frère pour venir appâter Janie et l'enlever de moi. J'ai pas aucunement fouetté Janie à cause qu'elle a mal agi. Je l'ai frappée pour leur faire voir à eux autres les Turner c'est qui commande. Moi j'étais assis à la cuisine un jour et j'ai entendu la femme-là dire à ma femme comme quoi chuis trop noir pour elle. Qu'elle voit pas comment Janie fait pour endurer avec moi.

— Va dire ça à son mari.

— Schocks ! Lui ça me paraît qu'y la craint.

— Fais-lui passer les dents par le fond du gosier.

— Ça serait comme si elle serait d'influence sur moi alors qu'elle est pas. Je veux ça qu'elle voye que c'est moi qu'a le contrôle.

— Donc alors elle gagne sa vie sur l'argent des noirs et elle aime pas les noirs, hunh ? OK, on va la décamper d'ici avant que deux semaines soyent passées. Je vais m'en aller directement voir tous les hommes d'ici qu'on va garocher contre elle.

— Chuis pas en rage après elle pour ça qu'elle a fait, vu qu'elle m'a pas encore rien fait. Chuis en rage après elle pour ça qu'elle pense. Elle et sa gang faut qu'y s'en allent.

— Nous autres on est avec toi, Tea Cake. Toi-même tu sais ça. Cette femme Turner l'est fort maligne, dans son idée. Me figure ça qu'elle a déjà eu entendu pour l'argent que ta femme elle a dans la banque et elle doit vouloir ça l'encorder dans sa famille d'une manière ou autre.

— Sop, moi je pense c'est moitié pas plus l'argent que c'est le physique. Elle tout ça qu'elle voit c'est la couleur. Elle a pas le genre d'esprit qu'on rencontre à tous les jours. Elle est pas rien qui se fait et elle fait pas non plus une bonne histoire si on raconte comme elle est.

— Ah ouais, faut croire ça qu'elle est trop maligne pour rester aux entours d'ici. Doit se figurer que nous autres on est juste une bande d'abrutis de nègues donc elle croit qu'elle va se faire pousser des cornes ici. Mais ça c'est des menteries qu'a se fait. S'en va crever comme une vache à tête nue qu'elle est. »

Le samedi après-midi lorsque les bons de travail se

convertissaient en espèces sonnantes chacun s'en allait acheter sa pissenégraille pour se soûler. À la brunante Belle Glade était déjà remplie d'hommes titubant et parlant fort. Pas mal de femmes avaient pris leur charge aussi. Le chef de la police dans sa Ford à toute berzingue filait de jook en jook et d'une gargote à l'autre pour essayer de maintenir l'ordre, mais il faisait peu d'arrestations. Pas assez de place en cellule pour tous les soûlauds alors à quoi bon s'embêter pour quelques-uns ? Faisait tout son possible pour limiter les bagarres et faire sortir les blancs de la ville des gens de couleur avant neuf heures au soir. Dick Sterrett et Coudemay semblaient les plus gratinés. Leur soûlerie leur disait d'aller de place en place pour pousser, bousculer et parler fort et donc c'est ce qu'ils faisaient.

Longtemps après un temps ils finirent par arriver à la gargote de Mrs. Turner, qu'ils trouvèrent pleine à craquer. Tea Cake, Stew Beef, Bootyny, Motor Boat et toute la foule des habitués étaient là. Coodemay se dressa comme surpris et demanda : « Dites, faites quoi vous autres là-dans ?

— On graille, lui répondit Stew Beef. Y ont du ragoût de bœuf à soir, fait que tu peux compter que moi je soye ici.

— Tout le monde ici on aime ça prendre du repos de la cuisine de nos femmes de temps à autre, fait que là nous autres à soir on est tous en train de manger loin de chez nous. N'importe comment c'est Mrs. Turner qu'a la plusse meilleure popote dans la place. »

Mrs. Turner qui allait et venait dans la salle laissa s'épanouir un grand sourire sur son visage en entendant Sop dire ça.

« Moi je compte ça que vous autres les deux derniers arrivés vous allez être forcés de patienter pour prendre une chaise. Moi à l'heure présente on est complet jusqu'au bord.

— Ça me fait pas rien, objecta Sterrett. Pouvez me frire du poisson. Moi je peux manger ça et rester debout. Café avec ça.

— Balancez-moi voir un plat de ce ragoût de bœuf avec du café pareil, s'y vous plaît maam. Sterrett y est juste si tant bourré que moi chuis ; et si lui y peut manger debout, fait que moi ici je peux pareil. » Coodemay s'appuya comme un ivrogne contre le mur et ça fit rire tout le monde.

Sans tarder la fille qui se chargeait du service pour Mrs. Turner apporta la commande et Sterrett prit son poisson et son café et resta planté là les mains prises. Coodemay refusa de débarrasser le plateau de son assiette comme il aurait dû.

« Naaan, tiens ça pour moi, bèbe, et laisse-moi manger », dit-il à la serveuse. Il prit la fourchette et commença son repas à même le plateau.

« Personne ici a aucun temps pour tenir ta graille devant ta face, lança-t-elle à Coodemay. Tiens, prends toi-même.

— T'as raison, répondit Coodemay. Donne ça ici. Sop peut me donner sa chaise.

— T'es juste pas croyable, rétorqua Sop. Moi j'ai pas fini et chuis pas déjà prêt pour me lever. »

Coodemay essaya de faire tomber Sop de la chaise mais Sop s'y cramponna. Ça causa tout un tas de bousculades et de grabuge et du café se renversa sur Sop. Alors il visa Coodemay avec une soucoupe qui s'en alla percuter Bootyny. Bootyny lança sa lourde tasse de café sur Coodemay et manqua de peu Stew Beef. Et donc ça se termina en grosse bagarre. Mrs. Turner sortit en courant de sa cuisine. Puis Tea Cake se leva et attrapa Coodemay par le col.

« Garde ici, vous autres, venez pas faire du dérangement dans la place. Miz Turner l'est trop fine comme femme pour des choses de même. En fait, l'est même trop fine pour n'importe qui d'autre dans la muck. » Mrs. Turner se tourna vers Tea Cake avec un sourire rayonnant.

« Je sais ça. Nous tous ici on sait ça. Mais moi j'en ai rien à battre tout ça qu'elle est fine, moi faut ça j'aye une place pour m'asseoir et manger. Sop y va pas moindrement me bluffer ici, non plus. L'a qu'à se battre comme un homme. Quitte tes mains de moi, Tea Cake.

— Naaan. C'est toi tu vas t'en aller de la place.

— Qui c'est qui va me faire m'en aller ?

— Moi, c'est moi qui va faire ça. Tu me vois ici, pas vrai ? Si tu veux pas donner du respect à une personne fine pareil comme Mrs. Turner, Dieu y sait que moi tu vas me respecter ! Allez, va-t'en dehors d'ici, Coodemay.

— Laisse-le aller, Tea Cake ! s'écria Sterrett. Lui ici c'est mon poteau ! Nous deux ensemble on est venus ici et y va pas s'en aller à nulle part jusqu'à tant que moi-même je m'en alle.

— Donc c'est bien, tous les deux dehors d'ici ! » cria Tea Cake en agrippant Coodemay encore plus fort. Dockery attrapa Sterrett et ils s'empoignèrent à travers toute la salle. D'autres s'en mêlèrent et le fracas des assiettes et des tables commença.

Mrs. Turner comprit avec consternation que Tea Cake, en intervenant plutôt que de les laisser rester, ne faisait qu'envenimer les choses. Elle se précipita on ne sait où dans l'arrière-salle et ramena de là son mari pour qu'il mette fin à tout ça. Il entra, jeta un coup d'œil à l'entour et sans dire un mot alla se ratatiner sur un siège dans un recoin. Alors Mrs. Turner se fraya laborieusement un passage à travers la masse pour aller attraper Tea Cake par le bras.

« Assez comme ça, Tea Cake, je précie bien votre aide mais laissez-les aller.

— Naaan sah, Miz Turner, moi ici m'en vais leur montrer qu'y peuvent pas venir se jeter sur des fines gens de la sorte et faire leur haut-parler dans aucune place comme ça durant le temps que chuis aux entours. Y vont s'en aller dehors d'ici ! »

À ce moment-là tout un chacun dans la salle et aux alentours prenait déjà parti. Pour une raison qu'on ignore Mrs. Turner se retrouva par terre et personne ne savait qu'elle était là par terre sous cette pagaille de bagarres et ces assiettes cassées et ces tables estropiées et ces pieds de chaises cassés et ces pans de vitre et autres débris du même ordre. Et il se trouva bientôt que le sol, jusqu'à hauteur du genou et où que l'on pose le pied, était jonché de toutes ces choses. Mais Tea Cake maintint ferme sa prise jusqu'à ce que Coodemay dise, « C'est moi qu'a tort ! C'est moi qu'a tort ! Vous tous ici vous avez tous essayé de me faire entendre raison et moi j'ai pas rien écouté. Chuis pas en rage contre personne. Juste pour vous montrer que chuis pas en rage de rien, moi et Sterrett on va vous payer un quèque chose à boire à tout le monde. Y a le vieux Vickers qu'a de la bonne pissenégraille là-bas aux entours de Pahokee. Allez viens-t'en tout le monde. On s'en va prendre une bonne charge. » Chacun retrouva sa bonne humeur et tout le monde s'en fut.

Mrs. Turner se releva en braillant au secours la police. Et regardez-moi la place dans quel état ! Et comment ça se trouve que personne a pas jamais appelé la police ? Puis elle s'aperçut que l'une de ses mains avait été piétinée et que ses doigts pissaient le sang pas mal fort. Deux ou trois personnes qui n'avaient pas pris part au fracas passèrent la tête par la porte pour compatir mais ne réussirent qu'à la mettre plus en rage. Elle les envoya se faire voir et vite avec ça. Puis elle vit son mari assis là-bas dans un coin à fumer sa pipe avec ses longues jambes osseuses toutes croisées.

« Toi Turner c'est quel genre d'homme tu es même ? Tu restes là à voir ces nègues de plate engeance venir ici et me fracasser toute la place ! Comment ça se trouve que tu restes assis à voir ta femme se faire toute piétinée ? T'es même pas aucun genre d'homme ! T'as vu ça l'autre Tea Cake comment c'est qu'y m'a jetée par terre ! Oui t'as vu ! Et t'as pas moindrement levé ta main pour rien faire là contre ! »

Turner retira sa pipe pour répondre : « Ouais, et toi t'as vu ça comment je me suis tout gonflé, pas vrai ? T'as qu'à dire à Tea Cake qu'y doit prendre garde que je me gonfle pas encore. » Sur ce Turner croisa les jambes de l'autre côté et se remit à fumer sa pipe.

De sa main blessée Mrs. Turner frappa son mari du mieux qu'elle put, puis elle passa la demi-heure suivante à lui dire les choses comme elle les pensait.

« C'est une bonne chose que mon frère était pas aux parages quand ça s'est passé qu'y aurait tué un quelqu'un certain. Et mon fils pareil. Eux y ont de l'homme en-dans d'eux. On s'en va retourner à Miami où c'est qu'y a du monde civilisé. »

Personne ne s'était empressé de lui dire que son fils et son frère s'étaient déjà mis en route après s'être pris des avertissements lourds de sous-entendus devant la gargote. Fallait pas qu'ils traînent. Là ils se dépêchaient de gagner Palm Beach. Tout cela elle l'apprendrait plus tard.

Au matin du lundi Coodemay et Sterrett étaient passés quémander son pardon à grand renfort de suppliques et lui avaient donné cinq dollars chacun. Puis

Coodemay avait dit : « Y en a y disent comme quoi j'étais gorgé au samedi soir et j'ai clowné bien bas. Moi j'ai pas aucune souvenance de ça. Mais quand c'est que je commence à zyeuter à travers ma boisson, y en a y disent comme quoi je suis pas présentable. »

18.

Comme Tea Cake et Janie s'étaient liés d'amitié avec les travailleurs bahaméens des Glades, ces derniers, les « Scies », s'étaient à leur tour progressivement mêlés aux Américains. Ils avaient cessé d'organiser leurs danses en cachette en se rendant compte que leurs amis américains, contrairement à ce qu'ils avaient craint, ne riaient pas d'eux. Un bon nombre de ces Américains avaient appris le saut dansé et ça leur plaisait tout autant qu'aux « Scies ». Donc ils s'étaient mis à organiser leurs danses tous les soirs aux quartiers, en général derrière chez Tea Cake. Bien souvent désormais, Tea Cake et Janie restaient si tard aux danses du feu que Tea Cake le lendemain refusait de l'emmener avec lui au champ. Il voulait qu'elle reste se reposer.

Et donc un après-midi qu'elle était seule à la maison elle vit passer un groupe d'Indiens séminoles. Les hommes menaient la marche et les femmes suivaient, impassibles, chargées comme des burros. Des Indiens, elle en avait déjà vus plusieurs fois dans les Glades, allant par deux ou trois, mais cette fois-ci ils avançaient en grand nombre. Ils s'en allaient rejoindre la route de Palm Beach et progressaient d'une allure régulière. Environ une heure plus tard un autre groupe apparut, qui marchait dans la même direction. Puis encore un autre juste avant que descende le soleil. Cette fois elle leur demanda où ils allaient et l'un des hommes finit par lui répondre.

« S'en va sur les hauteurs. Marisques en fleurs. Ouragan vient. »

Tout le monde en parla ce soir-là. Mais personne ne s'en inquiéta. La danse du feu se poursuivit jusqu'aux abords de l'aurore. Le jour d'après, d'autres Indiens encore, marchant vers l'est, sans se presser mais sans discontinuer. Ciel bleu et temps clair pourtant. Les haricots poussaient bien et les prix suivaient, donc les Indiens pouvaient, devaient, se tromper. Un ouragan ça se peut pas, quand on est là à se faire sept ou huit dollars par jour à cueillir des haricots. Toute façon les Indiens c'est des niaiseux, l'ont toujours été. Une soirée de plus avec Stew Beef performant des subtilités dynamiques au tambour ou mimant, dans le vif de la danse, des grotesques sculpturaux. Le jour d'après, pas un seul Indien. Il faisait une chaleur suffocante et Janie quitta tôt le champ pour rentrer chez elle.

Le matin arriva sans un mouvement. Tous les vents, jusqu'aux plus minuscules souffles zézayants de nouveau-né, avaient quitté la terre. Avant même que ne s'éclaire le soleil, un jour moribond rampait de buisson en buisson, guettant les hommes.

Quelques lapins se carapatant vers l'est au travers des quartiers. Quelques opossums furtifs filant droit sur leur route. Un ou deux à la fois, puis davantage. Le temps que les cueilleurs commencent à rentrer des champs c'était devenu une procession ininterrompue. Serpents, crotales, se mirent à traverser les quartiers. Les hommes en tuèrent quelques-uns, mais n'entamèrent guère la horde rampante. Les gens se barricadèrent chez eux jusqu'au lever du jour. Plusieurs fois pendant la nuit Janie entendit s'ébrouer de grands animaux, comme des cerfs. Une fois le feulement d'une panthère. Allant vers l'est, vers l'est. Cette nuit-là les palmiers et les bananiers s'étaient mis à converser à distance avec la pluie. Certains prirent peur et comprirent et partirent pour Palm Beach par tous les moyens possibles. Un millier de busards tinrent conciliabule en vol plané puis montèrent par-delà les nuages et n'en descendirent plus.

Un des jeunes Bahaméens s'arrêta devant chez Tea Cake et lui cria de venir voir. Tea Cake en sortant jetait encore des rires par-dessus son épaule vers l'intérieur de la maison.

« Salut Tea Cake.

— Salut Lias. Je vois ça que tu pars…

— Ouais maaan. Toi et Janie vous voulez venir avec ? Je donnerais pas à personne d'autre sa chance de prendre une place si je sais pas que vous avez un n'importe quel autre moyen pour partir.

— Merci plein beaucoup, Lias. Mais on est au bord de décider qu'on reste.

— Corbeau a parti haut, maaan.

— Ça c'est rien. T'as pas vu le boss-man à partir, si ? Donc alors tout est bien. Maaan, l'argent c'est trop facile ici dans la muck. Ça risque que ça va claircir d'ici à demain. Moi je partirais pas si je serais toi.

— L'oncle a venu pour me prendre. Y dit y a alerte d'ouragan sur Palm Beach. Pas tant méchant là-bas mais maaan, la muck là c'est trop bas et la grande eau ça risque qu'y va sortir claté.

— Ah naaan, maaan. Y a des gars là-dans sont en train de parler de ça. Y en a sont dans les Glades ici ça fait des années. C'est rien qu'une tite bourrasque.

— Indiens partis à l'est, maaan. Dangereux.

— Eux y savent pas toujours. Les Indiens y savent pas beaucoup sur rien, pour dire le vrai. Sans ça y posséderaient encore ce pays. Les blancs y sont pas en train de partir à nulle part. Eux y sauraient ça si c'était dangereux. Ferais mieux ça de rester ici, maaan. Grande danse à sauts juste ici à soir, quand ça s'en va claircir. »

Lias hésita et s'apprêta à descendre, mais son oncle l'en empêcha. « Demain même heure tu vas regretter de pas suivre corbeau », grommela ce dernier avant de démarrer. Lias leur fit de grands signes joyeux de la main. « Si je te revois pas jamais sur la terre ici, on va se voir en terre d'Afrique ! »

D'autres encore se hâtaient de prendre la route de l'est comme les Indiens et les lapins et les serpents et les ratons laveurs. Mais la plupart restaient assis ensemble à rire en attendant que le soleil revienne à de plus amicables dispositions.

Plusieurs hommes se retrouvèrent donc chez Tea Cake pour rester assis ensemble à se farcir les oreilles de courage. Janie cuisina un grand plat de haricots avec quelque chose qu'elle appelait biscuits douceur et ils firent tous en sorte de se rendre suffisamment heureux.

La plupart des lanceurs de flammes étaient là et, naturellement, traitaient du cas de Big John le Conquérant et de ses œuvres. Comment il a accompli tout ce qui est grand sur la terre et ensuite il est monté au jardin d'Ébène sans rien mourir du tout pas. Monté tout là-haut en grattant sa guitare et là y met tous les anges autour du trône à lui danser le Ring-Shout encore et encore. Puis tout le monde sauf Dieu et le vieux saint Pierre s'envolent dans une course volante jusqu'à Jéricho aller puis retour et c'est John le Conquérant qui gagne la course ; descend là-bas aux enfers, démolit le vieux satan et fait passer de l'eau glacée à tout le monde là-dessous. Quelqu'un essaya de placer que le Big John c'était plutôt de l'harmonica qu'il jouait, mais pas moyen les autres voulaient rien entendre. Ça fait rien qu'un type sait tellement bien jouer bien de l'harmonica, Dieu ce qu'Il aime c'est entendre la guitare. Ce qui les ramena à Tea Cake. Et comment ça se trouve qu'il leur grattait pas un coup ou deux sur sa caisse ? Donc c'est ça, on y va maintenant, fais-nous connaître ça.

Quand tout le monde fut bien à l'aise, Muck-Boy se réveilla et se mit à chanter en rythme et tout le monde venait peser sur le dernier mot du vers.

Yo' mama don't wear no Draws
I see her when she took 'em Off
She soaked 'em in alcoHol
She sold 'em tuh de Santy Claus
He told her 'twas against de Law
To wear dem dirty Draws

Puis Muck-Boy se prit de frénésie par les pieds et d'un coup entraîna tout le monde avec lui dans sa danse frénétique. Et quand il eut terminé il se rassit par terre et s'endormit. Puis ils jouèrent à Florida Flip et Conquian. Puis aux dés. Pas pour l'argent. Juste une partie d'esbroufe. Chacun déballant ses coups de flambe. Comme toujours Tea Cake et Motor Boat les avaient tous grillés. Tea Cake avec son sourire timide et Motor Boat avec son visage de chérubin noir droit sorti d'un clocher d'église, qui faisaient des choses faramineuses avec n'importe quel dé. À les regarder lancer tout le monde en oubliait le travail et le mauvais temps. C'était de l'art. Un lancer à mille dollars au Madison Square Garden n'aurait pas causé suspense plus haletant. On aurait seulement compté plus de gens à suspendre leur souffle.

Après un temps quelqu'un jeta un coup d'œil dehors et dit, « C'est pas en train de claircir du tout pas, là-dehors. Me figure ça que m'en vais rentrer à mon cabanon. » Motor Boat et Tea Cake étaient encore pris à leur partie de dés alors on les laissa.

Dans la nuit les vents revinrent. Tout ce qui existait dans le monde crépitait intense, bref et sec comme Stew Beef quand du bout des doigts il faisait vibrer la peau de son tambour sur les bords. Au matin c'était Gabriel jouant des graves au centre du tambour. Et quand Janie jeta un coup d'œil par la porte elle vit que les brumes errantes s'amoncelaient à l'ouest – au ciel un champ de nuages – s'armant de tonnerres pour marcher sur le monde. Plus forts et plus hauts et plus bas et plus amples, le bruit et le mouvement se déployaient, montaient, sombraient, s'obscuraient.

Alors le vieil Okechobee se réveilla et le monstre commença de se tourner et retourner dans son lit. Commença de se tourner et retourner et gémir comme un monde grincheux tout à son grommellement. Les gens des quartiers et le monde des grandes maisons là-bas vers le rivage, tous entendirent le lac et s'en étonnèrent. Tous perturbés mais se sentant protégés puisque les digues marines étaient là pour enchaîner le monstre insensé à son lit. Les gens des quartiers laissaient tout le réfléchir au monde des maisons. Si les châteaux se sentaient en sécurité, alors les cabanons n'avaient pas à s'en faire. Leur décision comme toujours était prise d'avance. Colmatez les brèches, grelottez dans vos lits détrempés et remettez-vous en à la grâce du Seigneur. D'ailleurs le boss-man allait probablement mettre fin à tout ça avant que vienne le matin. C'est si facile d'avoir de l'espoir quand il fait jour et qu'on peut voir les choses qu'on souhaite. Mais il faisait nuit, il ne cessait de faire nuit. La nuit arpentait le néant et tenait entre ses mains le vaste monde tout entier.

Un grand claquement de tonnerre et de foudre piétina

le toit de la maison. Tea Cake et Motor Boat s'arrêtèrent de jouer. Motor leva son regard d'ange et dit, « Grand Massa là-haut y traîne fort sa chaise.

— Moi j'aime bien mieux ça que vous arrêtez cette partie de dés, même si c'était pas pour l'argent, dit Janie. Que présentement le vieux Massa l'est en train de faire Son travail. Nous faut ça qu'on se tient calme. »

Ils se blottirent les uns contre les autres et fixèrent la porte. Cessèrent tout simplement d'utiliser d'autres parties de leur corps, pour ne plus rien faire d'autre que regarder la porte. Le temps était passé de demander aux blancs ce qu'il fallait guetter à travers cette porte. Six yeux interrogeaient maintenant Dieu.

À travers les hurlements du vent ils entendirent des choses s'écraser et fendre l'air et se précipiter à une vitesse inouïe. Un bébé lapin, fou de terreur, s'extirpa d'un trou à force contorsions et resta tapi là dans les ombres du mur, comme s'il savait que personne en pareil moment ne pouvait convoiter sa chair. Et le lac montait en rage et montait en rage et seules les digues se dressaient entre eux et lui.

Dans une brève accalmie du vent, Tea Cake esquissa un geste vers Janie et dit, « Me figure ça que maintenant tu regrettes de pas être restée dans ta grande maison là-bas loin de telles choses de la sorte, pas vrai ?

— Naaan.

— Naaan ?

— Naaan. N'importe comment les gens y meurent pas avant que leur temps soye venu, s'en fiche pareil où tu es. Moi chuis avec mon homme dans une tornade, puis c'est tout.

— Merci plein ma tite dame. Mais mettons voir à supposer que tu t'en vas présentement mourir. Tu serais pas en rage après moi que je t'ai traînée ici ?

— Naaan. Nous deux on est ensemble ça fait comme deux ans. Si tu peux voir la lumière au lever du jour, t'en fiches pareil si tu vas mourir au tomber du soir. Y a si tant de gens qu'ont pas jamais vu aucune lumière du tout. Moi j'étais rien qu'à farfouiller dans le noir et Dieu y m'a ouvert une porte. »

Il se laissa tomber au sol et posa la tête sur ses genoux.

« Donc alors Janie, tu penses vraiment tout ça que tu disais pas, vu que moi ici j'ai jamais connu que t'étais si tant satisfaite avec moi de même. Moi je croyais ça que… »

Le vent revint en triple furie, et une bonne fois pour toutes éteignit les lanternes. Ils restèrent assis en compagnie de tant d'autres comme eux dans d'autres baraquements, leurs yeux s'éreintant contre les murs rudimentaires, leur âme cherchant à savoir si Son intention était de mesurer leur piètre puissance à l'aune de la Sienne. Tous semblaient fixer l'obscur, mais leurs yeux dardaient sur Dieu.

Dès l'instant où Tea Cake se retrouva dehors à repousser le vent qui venait sur lui, il s'aperçut que l'eau et le vent ensemble avaient donné vie à bien des choses qu'on croit mortes et donné la mort à tout autant de choses qui avaient été vivantes. L'eau partout. Poissons égarés nageant dans la cour. Encore trois petits pouces et l'eau serait dans la maison. Chez d'autres elle y était déjà. Il décida de se mettre en quête d'une voiture pour les sortir tous trois des Glades avant que ne vienne pire. Il retourna le dire à Janie afin qu'elle se tienne prête à partir.

« Prépare-nous les papiers d'assurance, Janie. Moi-même je vais porter ma caisse et les choses de la sorte.

— T'as sorti tout l'argent du tiroir déjà ?

— Naaan, prends ça vite et coupe un bout de nappe pour emballer ça en-dans. Ça risque qu'on va se mouiller jusqu'au cou. Faut couper vite un bout de la toile cirée ici pour nos papiers. Faut ça qu'on s'en alle, si c'est pas trop tard. L'étai pourra pas endurer avec ça plus longtemps. »

Il arracha la toile cirée de la table et sortit son couteau. Janie la tint bien droite pendant qu'il en coupait une bande.

« Mais Tea Cake, c'est trop horrible là-bas dehors. Peutête ça serait mieux de rester en-dans ici où c'est mouillé que d'essayer à… »

Il enterra la discussion d'à peine un mot. « Fais », dit-il, et s'en fut affronter le vent. Il en avait vu plus que Janie.

Janie prit une longue aiguille et en un rien de temps bâtit un sac tout en longueur. Trouva du vieux journal et y enveloppa billets et papiers qu'elle fourra dans le sac avant d'en rabattre l'ouverture pour la coudre à grands points d'aiguille. Elle n'avait pas fini de cacher le tout au fond de sa poche de salopette, que déjà Tea Cake revenait en trombe.

« Y a pas d'auto, Janie.

— Me disais bien ! On va faire quoi ?

— Faut qu'on marche.

— Dans toute l'eau qu'est là, Tea Cake ? Moi je crois pas ça que chuis même capable à sortir des quartiers.

— Oh si que tu peux. Moi et toi et Motor Boat ensemble on peut se tenir serrés par les bras pour pas que personne s'envole. Eï, Motor ?

— L'est à dormir dessus le lit en arrière », dit Janie.

Tea Cake l'appela d'où il se tenait.

« Motor Boat, tu ferais mieux ça te lever là-bas au fond. L'enfer s'est eu tout déchaîné sur la Georgie. Arrive ici toussuite ! Comment tu peux dormir dans une tornade de même ? L'eau s'en vient au genou dans la cour. »

Il entrèrent dans l'eau qui leur arrivait presque aux fesses et parvinrent à se tourner en direction de l'est. Tea Cake fut obligé d'abandonner sa guitare et Janie vit combien cela lui coûta. Esquiver les projectiles volants, les dangers flottants, éviter de mettre le pied dans un trou, et se réchauffer au vent qui leur soufflait maintenant dans le dos, jusqu'à gagner une bande de terre où ils pourraient être relativement au sec. Il leur fallait lutter contre le courant pour ne pas se laisser entraîner dans la mauvaise direction et tenir bon ensemble. Ils virent d'autres gens comme eux, s'acharnant à avancer. Une maison effondrée, ici et là, le bétail terrifié. Mais avant tout la force du vent et des eaux. Et le lac. Derrière son mugissement démultiplié on entendait un bruit puissant de roche et de bois d'œuvre qui grincent, et une plainte. Ils se retournèrent. Virent des gens qui essayaient de courir dans les eaux rageuses et qui hurlaient en s'apercevant qu'ils n'y parvenaient pas. Une gigantesque barrière provenant du bâti de la digue et à laquelle les cabanons avaient été adossés se trouvait à déferler et crouler devant eux. Dix pieds plus haut et aussi loin que portait leur vue, le mur grommelant ouvrait la voie à ces flots formidables comme un concasseur de route aux dimensions cosmiques. La bête monstruopulente avait quitté son lit. Un vent à deux cents miles de l'heure venait de lui rompre ses chaînes. Elle s'était emparée de ses propres digues et s'élançait droit devant jusqu'aux quartiers ; les déracinait comme de l'herbe puis s'en allait courser ses soi-disant conquérants, renversant les digues, renversant les maisons, renversant les gens dans les maisons et du même élan le reste de bois d'œuvre. La mer foulait la terre d'un pas pesant.

« Le lac s'en vient ! souffla Tea Cake.

— Le lac ! reprit Motor Boat, pris de terreur et de

stupeur. Le lac !

— Y s'en vient par en arrière de nous ! dit Janie dans un frémissement. On peut pas s'envoler !

— Mais quand même on peut courir », s'écria Tea Cake. Et ils coururent. Et l'eau bouillonnante courait plus vite qu'eux. Son grand corps encore retenu, mais des rivières s'échappaient par les fissures du mur déferlant et jaillissaient comme le jour. Les trois fugitifs passèrent devant une nouvelle rangée de cabanons juchés sur une éminence légère et ainsi gagnèrent un peu de terrain. Ils criaient aussi fort qu'ils pouvaient, « Le lac s'en vient ! » et les portes barrées s'ouvraient grand et d'autres les rejoignaient dans la fuite en criant de même, « Le lac s'en vient ! », et les eaux assaillantes grondaient et criaient, « On s'en vient ! », et ceux qui le pouvaient s'enfuyaient.

Ils parvinrent au pied d'une grande maison sur une butte de terre et Janie dit, « On n'a qu'à s'arrêter ici. Moi je peux pas avancer plus loin. J'ai eu fini mes forces.

— On a tous eu fini nos forces, corrigea Tea Cake. On s'en va rentrer en-dans pour sortir du mauvais temps ici, crevés ou rambinés. » Il toqua à la porte avec son manche de couteau, tandis que les deux autres reposaient épaules et tête contre le mur. Une nouvelle fois il toqua, puis avec Motor Boat ils firent le tour des lieux pour enfoncer une porte à l'arrière. Personne.

« Ces gens y ont eu plusse de bon sens que moi j'ai eu », dit Tea Cake, et tous trois se laissèrent tomber au sol et restèrent quelque temps à reprendre leur souffle. « Nous autres on aurait dû partir avec Lias comme y m'a demandé.

— Tu savais pas, rétorqua Janie. Et quand tu sais pas, c'est juste que tu sais pas. Les tornades c'est pas pour sûr certain qu'elles vont s'envenir. »

Ils s'endormirent aussitôt mais Janie la première se

réveilla. Elle entendit le bruit de l'eau qui dévale et se redressa.

« Tea Cake ! Motor Boat ! Le lac s'en vient ! »

Et le lac venait. Plus lent et plus ample, mais il venait. Il avait piétiné presque tout son mur de soutènement et baissait maintenant le front en s'étalant. Mais il venait grommelant et maugréant toujours plus avant comme un mammouth épuisé.

« C'est une grande maison haute. Peutête qu'y va pas venir à monter jusqu'en haut ici, suggéra Janie. Puis s'y réussit, peutête qu'y va pas venir à monter jusqu'à la partie de tout en haut.

— Janie, le lac Okechobee ça fait quarante miles de large et soixante miles de long. C'est un plein tas d'eau. Si ce vent-là est en train de pousser tout ce lac entier jusqu'aux entours, la maison ici ça sera rien pour lui d'avaler ça. Faudrait mieux ça qu'on s'en alle. Motor Boat !

— Tu veux quoi, maaan ?

— Le lac s'en vient !

— Aoow naaan, il est pas…

— Si, il est très en train de s'en venir ! Écoute ! Tu peux l'entendre loin là-bas.

— L'a qu'à venir seulement. Moi je reste juste ici en train de l'attendre.

— Aoow lève-toi, Motor Boat ! On s'en va essayer d'attraper la route de Palm Beach. C'est sur une levée de terre. Là-haut ça sera assez sauf.

— Moi c'est ici même que je me sens sauf, maaan. Vas-y toi si tu veux. Me sens sommeilleux.

— Tu vas faire quoi si le lac vient t'atteindre jusqu'ici ?

— Monter tout en haut.

— Mets voir à supposer qu'y monte aussi là-haut ?

— Nager, maaan. Puis c'est tout.

— Donc alors au revoir ici, Motor Boat. Tout va plutôt à mal, tu sais. Ça se peut qu'on se perd pour toujours. Sûr certain que t'es un grand ami à avoir pour un homme.

— Au revoir, Tea Cake. Vous autres vous seriez mieux à rester ici et dormir, maaan. Y a pas d'usage à s'en aller et me laisser comme ça de même.

— C'est pas qu'on veut ça. Viens-t'en avec nous. Ça risque que ça sera la nuit quand l'eau elle va venir t'entraver en haut ici. C'est pourquoi je veux pas rester. Allez, maaan. Viens.

— Tea Cake, moi faut ça que je prenne mon sommeil. Obligé.

— Donc alors au revoir, Motor. Te souhaite toute la chance qui soye. Vais me rendre à Nassau te faire cette visite une fois quand tout ça sera fini.

— Obligé, Tea Cake. Moi chez ma maama c'est chez toi. »

Tea Cake et Janie avaient déjà marché quelque distance depuis la maison avant de tomber en eaux sérieuses. Puis ils durent nager encore une distance, et comme Janie ne tenait pas plus que quelques brasses d'affilée, Tea Cake l'épaula jusqu'à ce qu'enfin ils atteignent une crête qui menait à la levée de terre. Il lui sembla que le vent faiblissait un peu alors il chercha un endroit où se poser pour reprendre respire. Son souffle l'avait quitté. Janie était épuisée et boîtait, mais elle n'avait pas eu à faire à la nage l'éprouvante traversée du flot turbulent ; Tea Cake était bien plus mal en point. Il n'était pas question de s'arrêter pour autant. Atteindre la levée de terre serait déjà quelque chose mais cela ne garantirait rien. Le lac s'en venait. Il fallait atteindre le pont de Six-Mile. Là ce serait en hauteur et ils seraient saufs peut-être.

Il y avait vraiment tout le monde à marcher sur cette

levée. Se précipitant, traînant, tombant, pleurant, hélant des noms d'une voix pleine d'espérance en même temps que de désespérance. Le vent et la pluie battant contre les vieilles gens, battant contre les bébés. Tea Cake harassé trébucha une ou deux fois et Janie l'aida à tenir bon. Ainsi ils atteignirent le pont de Six-Mile Bend et songèrent à se poser.

Mais il y avait foule. Les blancs s'étaient accaparé ce point culminant et toute la place était prise. Ils pouvaient escalader l'une des montées de ses flancs et descendre l'autre, voilà tout. Quelques miles plus loin, toujours pas de quoi se poser.

Ils passèrent devant un homme mort assis sur un monticule de terre, entièrement encerclé par des animaux sauvages et des serpents. Le partage du danger faisait le partage de l'amitié. Nul ne songeait à prendre l'ascendant sur un autre.

Sur un îlot minuscule un autre homme se cramponnait à un cyprès. Un toit de tôle arraché d'une construction était suspendu aux branches tout juste retenu par des fils électriques et le vent qui le balançait d'avant en arrière en faisait une hache puissante. L'homme n'osait pas le moindre mouvement vers sa droite de peur que cette lame terrible ne le fende par le milieu. Il n'osait pas le moindre mouvement vers sa gauche car un immense crotale se dressait là de toute sa hauteur avec la tête dans le vent. Un bras d'eau séparait l'îlot de la levée de terre, et l'homme se cramponnait à l'arbre et appelait à l'aide.

« Le serpent va pas te piquer, lui cria Tea Cake. L'a trop peur qu'y va lui-même s'envoler. Descend sur le côté ici et nage loin ! »

Juste après ça Tea Cake sentit qu'il était incapable de faire un pas de plus. Pas tout de suite. Alors il s'allongea sur le bord de la route pour se reposer. Janie s'allongea entre lui et le vent et il ferma les yeux et laissa la fatigue s'égoutter de ses membres. De chaque côté de la levée s'étendaient de vastes eaux pareilles à des lacs – des eaux regorgeant de choses vivantes et mortes. Des choses qui n'avaient rien à faire dans l'eau. Aussi loin que portait la vue, de l'eau et du vent jouant sur elle de sa fureur. Une large plaque de toiture goudronnée faisait voile dans les airs et glissait le long de la levée, jusqu'au moment où elle se coinça dans un arbre. Janie se réjouit de l'avoir aperçue. C'était tout juste ce qu'il fallait pour couvrir Tea Cake. Elle allait se pencher pour l'attraper et la faire descendre. Le vent n'était manifestement plus aussi menaçant qu'il l'avait été. Tout juste ce qu'il fallait. Pauvre Tea Cake !

Elle se traîna à quatre pattes jusqu'à la plaque goudronnée et l'attrapa par les deux bords. Aussitôt le vent les souleva toutes les deux et Janie se vit emportée dans les airs par la droite, filant loin loin au-dessus de l'eau. Elle poussa un terrible hurlement et relâcha la plaque goudronnée qui continua de filer au loin tandis qu'elle-même s'en allait plonger au fond de l'eau.

« Tea Cake ! » Il entendit sa voix et se redressa d'un bond. Janie essayait de nager mais se débattait de trop. Tea Cake aperçut une vache en train de nager lentement vers la levée, avançant à l'oblique. Un chien à la carrure massive était assis sur les épaules de la vache, grelottant et grondant. La vache se rapprochait de Janie. Quelques brasses encore et elle y serait.

« Essaye à joindre la vache et trape-la par sa queue. Laisse tes pieds tranquilles. Juste tes mains ça suffit. Voilà c'est ça, vas-y ! »

Janie parvint à saisir la queue de la vache et hissa la tête le long de la croupe de l'animal, aussi loin de l'eau que possible. La vache coula un peu sous ce poids additionnel et donna quelques ruades de terreur. Se croyait tirée par le fond dans la gueule d'un gator. Puis elle reprit sa route. Le chien s'était dressé et grondait comme un lion, les poils du cou hérissés drus, les muscles bandés, les crocs découverts, déversant sa fureur contre l'invasion soudaine. Tea Cake fendit l'eau comme une loutre, fit sortir sa lame en plongeant. Le chien s'élança le long du dos de la vache pour contrer l'attaque et Janie dans un hurlement se laissa glisser plus bas sur la queue qu'elle agrippait, échappant de justesse aux mâchoires féroces du chien. Il s'en allait plonger à la poursuite de Janie mais sa crainte de l'eau, semble-t-il, l'en dissuadait. Tea Cake surgit près de la croupe de la vache et saisit le chien par le cou. Mais l'animal était puissant, et Tea Cake éreinté. Il ne put donc pas le tuer d'un seul coup de couteau comme il en avait l'intention. Mais le chien ne pouvait pas s'échapper non plus. Ils luttèrent tous deux et le chien semble-t-il se débrouilla pour mordre Tea Cake une fois, tout en haut de la pommette. Puis Tea Cake l'acheva et l'envoya par le fond pour qu'il y reste. La vache soulagée d'un grand poids s'était déposée sur la levée avec Janie peu avant que Tea Cake ne les rejoigne pour faiblement s'y hisser à son tour.

Janie s'affola de découvrir à son visage la morsure du chien mais il lui affirma que ce n'était vraiment rien. « Quand même que ç'aurait été l'enfer s'y m'avait grippé juste un pouce plus haut et mordu dans mon œil. Tu peux pas t'acheter des yeux au magasin, tu vois… » Il s'affala sur le bord de la levée comme si la tornade n'existait aucunement. « Laisse-moi je vais me reposer un temps, suite de ça faut qu'on arrive à rentrer dans la ville de quelque manière. »

Ce fut le lendemain, si l'on en croit le soleil et les

horloges, qu'ils atteignirent Palm Beach. Ce fut des années plus tard, si l'on en croit leurs corps. Des hivers et des hivers dans les épreuves et la souffrance. La roue ne cessait de tourner encore et encore. Espérance, désespérance, désespoir. Mais d'elle-même la tornade s'éteignit tandis qu'ils approchaient de la ville-refuge.

Le ravage y avait pris place la gueule grande ouverte. Là-bas dans les Everglades le vent s'était ébattu au milieu des lacs et des arbres. Dans la ville il avait fait rage au milieu des maisons et des hommes. Tea Cake et Janie se tenaient au bord des choses et en contemplaient la désolation.

« Comment je vais trouver un docteur pour ton visage dans toute cette pagaille ? se lamentait Janie.

— J'ai pas aucun foutu docteur à étudier où le trouver. Nous on a juste besoin d'une place où prendre du repos. »

Moyennant une part abondante de leur argent et de leur persévérance ils trouvèrent un endroit où dormir. Juste ça. Certainement pas un endroit où habiter. Juste dormir. Tea Cake examina les lieux et s'assit lourdement au bord du lit.

« Donc alors, dit-il avec humilité, me figure ça que tu comptais pas d'arriver à ça quand t'as décidé de te mettre ensemble avec moi, pas vrai ?

— Fut un temps moi j'ai jamais compté d'arriver à rien, Tea Cake, sauf à être morte de toujours rester tranquille à ma place et me forcer à rire. Mais toi t'es venu et t'as fait quèque chose de moi. Alors moi chuis bien heureuse de n'importe quelle chose qu'on traverse ensemble.

— Merci plein ma tite dame.

— T'as eu par deux fois de la noblesse à me sauver de ce chien. Tea Cake, je crois pas ça que t'as vu ses yeux comme moi j'ai vu. Y visait pas juste de me mordre, Tea Cake. Y visait de me tuer raide morte. Moi jamais je vais oublier ces yeux-là. C'était rien que de la pure haine. Me demande d'où y venait ?

— Ouais, moi aussi j'ai vu. Épeurant. J'allais pas aucunement me prendre sa haine en-dans. Fallait ça qu'y meure lui ou moi. Mon cran d'arrêt a dit c'est lui.

— Pauvre moi. M'aurait taillée en pièces, si c'était pas que t'étais là, cher.

— T'as pas besoin de dire si c'était pas que j'étais là, bèbe, vu que moi je me tiens ici devant toi, en plusse que je veux que tu saches qu'ici devant toi t'as un homme. »

19.

Et pourtant l'être aux orteils carrés avait fini par rentrer chez lui. Il se tenait une fois de plus dans sa haute et plate maison sans cloisons ni toiture, brandissant à la main son épée sans âme, droit levée. Son pâle cheval blanc avait galopé les vagues, tempêté les terres. Le temps de mourir était passé. C'était le temps d'enterrer les morts.

« Janie, on est à traînailler dans cette place de pouacre ça fait maintenant deux jours, et ça c'est trop. Faut ça qu'on s'en alle de cette maison ici et de cette ville. Moi jamais j'ai aimé ça me trouver dans ces parages.

— Où on va se rendre, Tea Cake ? Ça on sait pas.

— Peutête on peut retourner au nord de l'état là-haut, si tu veux.

— J'ai pas dit ça, mais si c'est ça que tu…

— Naaan, moi j'ai rien dit de la sorte. J'essayais juste à pas te laisser en dehors de ton confortable plus longtemps que tu veux rester de même.

— Si c'est que j'entrave ton chemin…

— Coutez voir ça que celle-ci vient me dire ici ! Moi chuis au bord de craquer ma culotte à essayer qu'elle reste ensemble avec moi et elle… Faudrait ça qu'on la cribbe avec des clous !

— Alors d'accord, tu me dis quoi et on va le faire. N'importe comment c'est rien qu'une plate chance à tenter.

— Moi n'importe comment j'ai pris du repos en suffisance et la varmine de lit vient à se faire trop hardie aux parages. Même pas senti quand mon repos s'est rompu. M'en vais regarder aux entours et voir ça qu'est-c'est qu'on peut faire. Chuis prêt à tenter n'importe quelle plate chance comme ça vient.

— Tu ferais mieux de rester en-dans et prendre du repos. Y a pas moindrement rien à trouver là-bas dehors.

— Mais moi je veux ça aller regarder et voir, Janie. Peutête qu'y aurait du travail pour moi à les aider.

— La chose qu'eux tous y veulent que tu aides à faire, tu vas pas aimer ça. Y sont en train de traper tous les hommes qu'y peuvent mettre la main dessus et les faire enterrer les morts. Prétendent qu'y cherchent après les sans-travail, sauf qu'y sont pas à se montrer si trop difficiles que tu soyes avec travail ou sans. Toi tu restes ici à chez nous. La Croix-Rouge elle fait tout ça qu'y a à faire pour les malades et les infligés.

— J'ai des sous avec moi, Janie. Peuvent pas m'embêter. N'importe comment moi j'ai envie d'y aller voir comment les choses sont pour sûr certain. J'ai envie de voir ça s'y a pas des choses à entendre sur les gars des Glades. Que peutête y sont tous sortis d'affaire. Ou peutête pas. »

Tea Cake sortit se promener au hasard des lieux. Et vit en toute place la main de l'horrible. Des maisons sans toit et des toits sans maison. Acier et roc tout ensemble broyés et s'effritant comme du bois. La mère du mal s'était jouée des hommes.

Alors que Tea Cake se tenait là contemplant tout ça il aperçut deux hommes qui s'avançaient vers lui le fusil à l'épaule. Deux hommes blancs, alors il pensa à ce que Janie lui avait dit et commença à fléchir les genoux pour s'enfuir. Mais aussitôt il comprit que ça ne serait pas à son avantage. Ils l'avaient déjà vu et ils étaient trop proches pour le manquer s'ils tiraient. Peut-être qu'ils ne feraient que passer. Peut-être qu'en voyant qu'il avait de l'argent ils se rendraient compte que Tea Cake n'était pas un vagabond.

« Salut là-bas, Jim ! l'interpella le plus grand des deux. Justement on était à te chercher.

— Je m'appelle du tout pas Jim, répondit Tea Cake, sur ses gardes. Pourquoi ça vous étiez à me chercher ? J'ai pas rien fait de mal.

— En plein pour ça qu'on te cherche – pour le rien que t'es en train de faire. Allez viens-t'en qu'on alle mettre en terre quèques-uns de ces gens ci-crevés. On est pas assez vite à enterrer tout ça. »

Tea Cake restait sur la défensive. « Qu'est-c'est que j'ai à voir avec ? Moi ici chuis un travailleur avec des sous dans ma poche. C'est juste l'ouragan qui m'a soufflé depuis les Glades jusqu'à ces parages. »

Le plus petit saisit son fusil d'un geste brusque. « Prends-moi cette route vite fait, *sir* ! Si tu fais pas attention c'est toi qu'on s'en va mettre en terre ! Vas-y en avant de moi, *sir* ! »

Tea Cake découvrit qu'il faisait partie d'une petite armée recrutée de force pour nettoyer les décombres dans les lieux publics et mettre en terre les morts. Il fallait chercher les corps partout, les transporter jusqu'aux lieux de rassemblement et les enterrer. Les cadavres n'étaient pas seulement dans les maisons naufragées. Ils étaient coincés en-dessous, ils s'enchevêtraient dans les buissons, ils flottaient à la surface de l'eau, ils étaient suspendus aux arbres, ils allaient à la dérive sous les décombres.

Des camions halant leur drague arrivaient sans cesse des Glades ou d'autres régions des environs, chacun avec son lot de ving-cinq cadavres. Cadavres habillés de pied en cap pour certains, entièrement nus pour d'autres, et présentant tous les degrés de débraillement possibles pour le reste. Cadavres au visage calme et aux mains satisfaites. Défunts au visage combatif et aux yeux grands ouverts, ronds d'étonnement. La mort les avait trouvés les yeux dardés, cherchant à voir au-delà du voir.

Misérables et sombres étaient ces hommes, noirs et blancs sous la même garde, forcés de rechercher sans cesse des cadavres et de leur creuser des tombes. Une fosse gigantesque avait été creusée en travers du cimetière des blancs et un grand trou ouvert en travers du champ de morts noirs. Tout ce qu'il faut de chaux vive pour la jeter sur les cadavres aussitôt réceptionnés. Les morts étaient sans sépulture depuis bien trop longtemps déjà. Les hommes faisaient tout ce qu'ils pouvaient pour les ensevelir le plus vite possible. Mais les gardes les arrêtèrent. Ils avaient reçu des ordres à faire exécuter.

« Hé vous autres là-bas ! Balancez pas ces cadavres dans le trou comme ça de même ! Examinez-les bien chacun d'abord pour savoir s'y sont blancs ou noirs.

— Nous faut qu'on s'occupe d'eux tout lentement de même ? Loawd aie pitié ! Dans la condition qu'y sont faut qu'on les examine encore ? C'est quelle différence ça fait même sur la couleur ? Eux autres y ont besoin d'être vite mis en terre.

— Y a des ordres qui s'en viennent du haut. Font des cercueils pour tous les blancs. C'est rien que du pin pas cher, mais c'est déjà mieux que rien. Allez pas balancer aucun blanc dans le trou juste comme ça de même.

— Et on fait quoi avec ceux-là qui sont de couleur ? Y a des boîtes pour eux pareil ?

— Nan. Y en a pas en suffisance pour tout ça. Y a juste qu'à répandre plein de chaux sur eux et couvrir ça.

— Schocks ! Y en a certains y a pas personne qui peut rien dire sur eux, vu l'état où y sont. On peut même pas dire s'y sont noirs ou blancs ! »

Les gardes allèrent se concerter sur le sujet. Au bout d'un moment ils revinrent dire aux hommes : « Regardez-leur les cheveux, quand c'est que vous pouvez pas savoir d'une autre manière. Et qu'on vous prenne pas à balancer des blancs là-dans, ou à gaspiller aucune boîte sur les ceux de couleur. Trop difficile d'en avoir de ce temps-ci.

— Ces morts-là, c'est puissamment compliqué la manière qu'on les envoie au Jugement, observa Tea Cake en s'adressant à l'homme qui travaillait à ses côtés. Eux autres on dirait qu'y se figurent que Dieu est pas au courant des lois Jim Crow. »

Tea Cake besognait depuis plusieurs heures déjà quand vint le tourmenter la pensée de Janie se morfondant pour lui. Il profita du moment où un camion s'avançait avec sa cargaison à débarquer pour s'enfuir à toutes jambes. On lui lança l'ordre de s'arrêter sous peine d'être abattu, mais il n'en fit rien et réussit à s'échapper. Il trouva Janie en chagrin et en pleurs, tout juste comme il se l'était imaginé. Ils se consolèrent l'un et l'autre de son absence, puis Tea Cake parla d'autre chose.

« Janie, nous faut ça qu'on s'en alle de cette maison ici et de cette ville d'hommes. Moi j'ai pas en idée de jamais travailler de la sorte encore une fois.

— Naaan naaan, Tea Cake. Laisse on va rester ici jusqu'au temps où ça sera tout fini. S'y peuvent pas te voir, y peuvent pas t'embêter.

— Aoow naaan. Mets voir à supposer qu'y viennent chercher aux entours ?

— On n'a qu'à partir cette nuit.

— Où on va s'en aller, Tea Cake ?

— La plus proche place ça serait de retourner dans les Glades. On n'a qu'à se mettre en route pour vers là-bas.

Cette ville ici est remplie de trouble et de contraignement.

— Mais, Tea Cake, l'ouragan était là-bas dans les Glades aussi. Y aura des morts à enterrer là-bas aussi.

— Vrai ça, je sais bien, Janie, mais ça pourra jamais être comme c'est ici présentement. En première place y sont à ramener des cadavres de là-bas depuis tout le jour donc y peut plus en rester que quèques-uns à trouver. Et en plusse de ça y en a jamais eu si tant plein là-bas qu'y en a ici. Et en plusse aussi, Janie, les blancs de là-bas y nous connaissent. C'est pas une bonne chose d'être un nègue étranger au parmi des blancs. Tout le monde va être à ton encontre.

— Ça c'est la vérité certain. Ceux-là que l'homme blanc connaît, ça sera les bonnes gens de couleur. Ceux-là que l'homme blanc connaît pas, ça sera des sales nègues. » En disant cela Janie se mit à rire et Tea Cake avec elle rit aussi.

« Janie, moi j'ai vu ça un plein plein tas de fois ; n'importe quel blanc va se figurer que lui seul connaît tous les bons négros déjà. Pas besoin qu'il en connaisse d'autres. Pour tout ça qui le concerne, ceux qu'y connaît pas y doivent tous passer en jugement et se trouver condamnés à six mois de méchante odeur au derrière des cabinets des États-Unis.

— Comment ça les cabinets des États-Unis, Tea Cake ?

— Bah, tu sais bien comme l'Oncle Sam faut toujours qu'y possède toutes les choses les plus grandes et les plus bonnes qui soyent. Alors l'homme blanc y se figure que n'importe quoi de moins que le chiotte consolidé de l'Oncle Sam ça serait déjà trop pour nous. Donc moi j'ai idée d'aller là où les blancs me connaissent. Moi ici je me sens comme l'enfant qui manque sa mère. »

Ils collectèrent leurs affaires et sortirent furtivement de la maison. Au matin suivant ils étaient de retour dans la muck. Toute la journée ils travaillèrent dur à remettre en état un endroit où vivre afin que Tea Cake puisse s'en aller chercher quelque chose à faire le lendemain. S'il se leva tôt ce fut davantage par curiosité que parce qu'il avait hâte de retourner travailler. En rentrant ce soir-là, il était rayonnant.

« Qui tu crois que j'ai vu, Janie ? Parie ça que tu peux pas trouver qui.

— Te parie tout un homme bien gras que c'est Sop-de-Bottom que t'as vu.

— Ouais, je l'ai vu lui et Stew Beef et Dockery et Lias, et aussi Coodemay et Bootyny. Devine qui ça encore ?

— Dieu sait ! Sterrett ?

— Naaan, y s'est fait prendre dans le dérangement. Lias a aidé pour le mettre en terre à Palm Beach. Devine qui ça encore ?

— Ah, vas-y dis-moi voir, Tea Cake. Je sais pas. Ça se peut pas que c'est Motor Boat…

— En plein que c'est lui. Ce vieux Motor ! Ce fils de sa mère est resté pour dormir là-haut jusqu'à le lac est venu bouger la maison pour l'emmener loin je sais pas où et lui Motor il a pas jamais rien su jusqu'à tant que la tornade était déjà quasi finie.

— Naaan !

— Ouais maaan. Nous autres imbéciles ici on était au bord de se tuer à vouloir se sauver du danger et lui y reste juste couché là-haut à dormir et allez vogue !

— Bah tu sais comme on dit, la chance c'est la fortune.

— Ça c'est bien du vrai. Coute voir, j'ai une djob à ouvrager. Aider à nettoyer un peu partout, et après ça vont vouloir rebâtir la digue pour sûr certain. Les champs aussi faut les remettre en état. Plein tas d'ouvrage. Y ont même besoin de plusse d'hommes encore. »

Tea Cake passa ainsi trois semaines pleines d'entrain. Il acheta une nouvelle carabine et un pistolet et avec Janie ils se disputaient le titre de meilleur tireur et chaque fois Janie le battait à la carabine. Elle était capable d'arracher d'un coup la tête d'un épervier posé tout en haut d'un pin. Tea Cake était un peu jaloux, mais pas peu fier de son élève.

Un après-midi vers le milieu de la quatrième semaine Tea Cake rentra plus tôt à la maison et se plaignit de la tête. Une migraine qui le força à s'allonger un bout de temps. Il se réveilla affamé. Janie lui avait préparé son souper mais le temps qu'il passe de la chambre à coucher à la table à manger, il disait n'avoir plus envie de rien du tout.

« Moi je croyais ça que tu disais que t'avais faim ! rouspéta Janie.

— Je croyais ça pareil, dit Tea Cake d'une voix toute faible en laissant tomber sa tête entre ses mains.

— Mais je t'ai préparé des haricots !

— Je sais qu'y sont bons comme tout mais moi je peux pas rien prendre sitôt de suite. Je te remercie, Janie. »

Il retourna se coucher. Bien plus tard au plein milieu de la nuit il réveilla Janie en se débattant dans son cauchemar contre un ennemi qui le prenait à la gorge. Janie craqua une allumette et voulut le tranquilliser.

« Qu'est-c'est qu'y a, chou ? » Et elle le calmait, elle le calmait. « Faut ça que tu me dises et comme ça moi je peux sentir les choses avec toi. Que je porte un peu de ta peine avec toi, bèbe. Où ça te fait mal, shugga ?

— Y a quèque chose qui m'a trapé dans mon sommeil, Janie. » Il pleurait presque. « Ça essayait de me suffoquer mort. Si c'était pas à cause de toi, je serais déjà mort.

— T'étais à lutter avec une chose certain. Mais tout va bien, cher. Je suis là. »

Il se rendormit, mais il fallut se rendre à l'évidence. Au matin il était malade. Il essaya de se lever et pensait sortir mais Janie ne voulut rien entendre.

« Si je pouvais juste faire ma semaine au boutte, dit Tea Cake.

— Les gens y faisaient leurs semaines avant que tu t'enviennes au monde et y vont encore les faire après quand tu seras plus là. Recouche-toi, Tea Cake. Moi je m'en vais t'amener le docteur pour qu'y vienne voir ça qui t'arrive.

— Chuis pas si tant mal, Janie. Regarde-moi voir ! Je peux marcher dans la place ici où je veux.

— Mais ça paraît que t'es trop malade pour jouer avec. Plein de fièvres aux entours depuis la tornade.

— Alors donne-moi un verre d'eau avant que tu t'en alles. »

Janie puisa un verre d'eau et lui apporta au lit. Tea Cake le prit et en avala une pleine goulée puis il eut un horrible haut-le-cœur, dégorgea tout ce qu'il avait en bouche et jeta le verre par terre. Janie fut prise de panique.

« Qu'est-c'est qui te prend d'agir de la sorte quand t'es juste à boire de l'eau, Tea Cake ? C'est toi-même tu m'as demandé de t'en donner.

— L'eau y a quèque chose qui va pas en-dans. Ça m'a presque suffoqué mort. Je t'ai dit ça qu'une chose m'a sauté dessus ici la nuit passée. Toi tu viens me faire croire comme quoi j'ai rêvé.

— Peutête c'est une sorcière qu'était à te chevaucher, cher. Je vais voir ça quand je sors si je peux pas trouver de la graine de moutarde. Mais moi pour certain je m'en vais t'amener le docteur quand je reviens. »

Tea Cake ne dit rien pour l'en empêcher et Janie quant à elle se dépêcha de sortir. Ce mal pour elle était pire que la tornade. Dès qu'elle se fut suffisamment éloignée, Tea Cake se leva et jeta l'eau du seau et le lessiva. Puis il se traîna jusqu'à la pompe d'irrigation et le remplit de nouveau. Il n'accusait pas Janie de malice, ou d'avoir agi à dessein. Il l'accusait d'avoir été négligente. Il fallait qu'elle comprenne qu'un seau d'eau aussi doit être lessivé comme tout le reste. Il lui en toucherait deux mots bien sentis quand elle rentrerait. Et puis qu'est-ce qu'elle s'imaginait ? Il s'aperçut que ça le mettait très en colère. Posa doucement le seau sur la table et s'assit pour se reposer avant de se servir à boire.

Finalement il puisa un verre. C'était si délicieusement frais ! Quand on y pensait, il n'avait rien bu depuis la veille. Exactement ce qu'il fallait pour s'ouvrir l'appétit avant d'attaquer ce plat de haricots. Il s'aperçut qu'il en avait vraiment très envie, alors il rejeta la tête en arrière et se colla le verre aux lèvres. Mais voici que le démon se tenait devant lui, à l'étrangler, à le tuer aussi vite que possible. Ce fut un grand soulagement de sentir l'eau s'expulser de sa bouche. Il s'affala sur le lit et resta couché là tout frissonnant jusqu'à l'arrivée de Janie et du docteur. Le docteur blanc qu'on voyait là depuis tellement longtemps que maintenant il faisait partie de la muck. Qui leur racontait tout plein d'histoires avec des mots costauds et moites dedans. Il entra précipitamment, le chapeau vissé à l'arrière gauche de sa tête.

« Salut à toi, Tea Cake. Que diable t'arrive-t-il ?

— J'aimerais ça le savoir, doctah Simmons. Tout cas le certain c'est que chuis malade.

— Ah, naaan, Tea Cake. Y a pas rien qu'un litron de pissenégraille peut pas guérir. T'as pas eu ta bonne mesure de spirites dernièrement, c'est ça ? » Il lui donna une claque vigoureuse en travers du dos et Tea Cake essaya de sourire comme on l'attendait de lui. Mais ça n'était pas facile. Le docteur ouvrit sa sacoche et se mit au travail.

« C'est vrai que t'as pas l'air à ton mieux, Tea Cake. Tu fais de la température et ton pouls est un peu fatigué. T'étais à faire quoi ici dernièrement ?

— Rien à part de travailler et jouer un peu, doctah. Mais ça paraît que l'eau elle s'est eu tournée à mon encontre.

— L'eau ? Comment ça ?

— Peux pas la garder à l'estomac, du tout pas.

— Quoi d'autre ? »

Janie s'approcha du lit, très inquiète.

« Doctah… Tea Cake y vous dit pas toutes les choses qu'y devrait. Nous autres on s'est trouvés pris dans l'ouragan ici, et Tea Cake y s'est surfatigué lui-même à si tant nager longtemps et me soutenir aussi, et marcher sur tous ces miles dans la tornade et avant qu'y puisse prendre son repos y a encore fallu qu'y vienne me tirer de l'eau puis combattre l'autre vieux maousse de chien puis le chien l'a mordu dans la face puis tout ça. Moi je m'attendais à ça qu'y soye malade bien avant.

— Un chien l'a mordu, tu dis ?

— Ah c'était pas grand-chose du tout, doctah. C'était tout guéri après un ou deux jours, dit Tea Cake avec agacement. N'importe comment ça fait plus d'un mois de ça. La chose ici c'est nouveau, doctah. Me figure ça que l'eau est encore mauvaise. C'est forcé qu'elle soye. Trop de gens sont restés morts en-dans pour qu'elle soye bonne à boire avant longtemps. Tout cas c'est comme ça que moi je me figure les choses.

— D'accord, Tea Cake, je vais t'envoyer les remèdes et dire à Janie comment faut prendre soin de toi. N'importe comment, je te veux dans un lit tout seul dedans jusqu'aux prochaines nouvelles de moi. Tu laisses pas Janie venir avec toi au lit pendant un moment, t'entends ? Viens avec moi jusqu'à la voiture, Janie. Je veux te donner des pilules pour Tea Cake qu'y les prenne tout de suite. »

Dehors il farfouilla dans sa sacoche et remit à Janie une petite fiole avec quelques cachets à l'intérieur.

« Tu lui en donnes une à toutes les heures pour qu'y reste tranquille, Janie, et t'approche pas de lui quand y se met dans une crise à s'engorger et s'écœurer.

— Comment vous savez qu'y les a, doctah ? C'est juste ça que je voulais vous dire ici au-dehors.

— Janie, je suis quasi sûr que c'est un chien en rage qu'a mordu ton mari. C'est trop tard pour retrouver la tête du chien. Mais y a les symptômes qui sont là. C'est très mauvais que ça dure depuis si longtemps. Quelques piqûres juste après que c'est arrivé ça aurait pu le guérir tout de suite.

— Vous voulez dire qu'y risque à mourir, doctah ?

— Sûr que oui. Mais la pire chose c'est qu'y risque de souffrir quelque chose d'atroce avant que ça finisse.

— Doctah, moi je l'aime à tuer. Dites-moi n'importe quoi à faire et je vais le faire.

— Peu près l'unique chose que tu peux faire, Janie, c'est le mettre à l'hôpital du comté où là y peuvent l'attacher et prendre bien soin de lui.

— Mais lui il aime pas aucunement ça, l'hôpital. Y croirait ça que moi j'étais tannée de faire les choses pour lui, alors que Dieu sait que je le suis pas moindrement. Je peux pas soutenir l'idée qu'on va attacher Tea Cake pareil comme si c'était un chien en rage.

— Mais c'est presque ça, Janie. Il a pratiquement aucune chance de s'en tirer, et y risque de mordre une autre personne, spécialement toi, et après ça tu seras dans le même pétrin comme il est maintenant. C'est fichtrement mauvais.

— Y a vraiment rien qu'on peut faire pour son cas, doctah ? Nous on a plein d'argent dans la banque à Orlando, doc. Voyez voir pour faire quèque chose de spécial et le sauver. N'importe combien ça coûte, doctah, m'en fiche, mais s'y vous plaît doctah.

— Ferai ce que je peux. M'en vais téléphoner à Palm Beach tout de suite pour le sérum qu'il aurait dû prendre y a trois semaines. Je vais faire tout ce que je peux pour le sauver, Janie. Mais ça paraît trop tard. Dans son état on peut pas avaler d'eau, tu vois, et par d'autres côtés encore c'est terrible. »

Janie s'attarda dehors quelque temps encore à essayer de se convaincre que ce n'était pas vrai. Si elle ne voyait pas la maladie sur son visage elle pouvait très bien s'imaginer que rien de tout cela n'était réellement en train d'arriver. Donc, pensa-t-elle, l'autre vieux maousse de chien avec sa haine dans les yeux l'avait bien tuée en fin de compte. Elle aurait préféré échapper cette queue de vache et se noyer là-bas pour de bon et comme ça terminé. Mais qu'il vienne la tuer à travers Tea Cake, ça lui était trop insupportable. Tea Cake, fils du Soleil Couchant, condamné à mourir pour l'avoir aimée. Elle darda ses yeux vers le ciel un long moment. Tout là-haut quelque part par-delà le tréfonds bleu de l'éther Il était assis. Prêtait-Il attention à ce qui se passait par ici ? Forcément, puisqu'Il savait tout. Était-ce Son intention de leur faire subir ça, à Tea Cake et elle ? Tout ça n'était rien contre quoi elle sache lutter. Il ne lui restait qu'à souffrir et attendre. Peut-être que ce n'était qu'une grosse farce et quand Il s'aperçevrait qu'Il était allé assez loin comme ça Il lui enverrait un signe. Elle dardait ses yeux là-haut attendant que quelque chose se manifeste et fasse signe.

Une étoile dans le jour, peut-être, ou le soleil qui crie, ou même le grommellement d'un tonnerre. L'espace d'un instant ses bras se levèrent en un geste de supplique désespérée. Ce n'était pas exactement qu'elle implorait, elle questionnait. Le ciel restait hiératique et muet, alors elle rentra chez elle. Dieu en ferait moins qu'Il en avait dans le cœur.

Tea Cake était étendu les yeux fermés et Janie espérait qu'il était endormi. Il ne l'était pas. Une grande peur s'était emparée de lui. Qu'est-ce que c'était que cette chose qui lui embrasait la cervelle et le saisissait à la gorge de ses doigts de fer ? D'où ça venait et pourquoi ça lui tournait autour comme ça ? Il espérait que ça s'arrêterait avant que Janie s'en rende compte. Il avait envie d'essayer à nouveau de boire de l'eau mais il ne voulait pas qu'elle le voie échouer. Dès qu'elle sortirait de la cuisine il irait au seau et boirait vite fait avant que rien puisse l'empêcher. Pas la peine d'inquiéter Janie, tant qu'il pouvait l'éviter. Il l'entendit qui récurait le poêle et la vit sortir par-derrière pour vider les cendres. Aussitôt il se jeta sur le seau. Mais cette fois rien que la vue de l'eau lui suffit. Quand elle revint elle le trouva par terre au milieu de la cuisine. Elle le cajola, le tranquillisa, et le ramena au lit. Et elle se décida à aller voir comment se procurer ce remède de Palm Beach. Peut-être trouver quelqu'un pour la conduire là-bas.

« Vas-tu mieux maintenant, Tea Cake bèbe ?

— Hm-hmmm, ti peu.

— Bon, moi je crois que m'en vais aller ratisser l'herbe au-devant. Tes gars y m'ont laissé tout leurs machouillis de canne et leurs cosses d'arachides partout. Je veux pas que le doctah retourne ici et trouve ça pareil dans l'état.

— Prends pas trop longtemps, Janie. J'aime pas être tout seul quand chuis malade. »

Elle dévala la route aussi vite qu'elle put. À mi-chemin de la ville elle vit venir à sa rencontre Sop-de-Bottom et Dockery.

« Salut Janie, comment y va, Tea Cake ?

— Vraiment pas bien. M'en vais voir pour chercher prendre un remède pour lui maintenant toussuite.

— Le doc a dit à un quelqu'un là-bas comme quoi y est malade alors nous autres on vient voir comment c'est. On se disait bien, vu qu'y venait toujours pas travailler.

— Allez prendre assise avec lui jusqu'à tant que je retourne. Y a besoin de compagnie ici c'est sûr. »

Elle s'élança sur la route qui menait à la ville et trouva là-bas le docteur Simmons. Oui, il avait une réponse. Il n'avait pas de sérum en stock mais ils avaient câblé la commande à Miami pour qu'il leur soit envoyé. Qu'elle ne s'inquiète pas. Ce serait livré le lendemain matin à la première heure et peut-être même avant. Ça ne traînait pas dans des cas comme ça. Non, ça ne rimait à rien pour elle d'aller louer une voiture exprès pour le récupérer. Qu'elle rentre à la maison et qu'elle attende. Voilà tout. Quand elle arriva à la maison les visiteurs se levèrent et s'en allèrent.

Quand ils furent seuls Tea Cake eut envie de mettre sa tête sur les genoux de Janie pour lui raconter comment il se sentait et pour la laisser le materner de sa douce manière. Mais quelque chose qu'il avait entendu dire par Sop lui rendait la langue froide et pesante comme un lézard entre ses mâchoires. Le frère de Mrs. Turner était de retour dans la muck, et lui maintenant il avait cette maladie mystérieuse. Les gens ne tombent pas malades comme ça pour rien.

« Janie, fait quoi encore dans la muck le frère à la femme Turner ?

— J'en sais rien, Tea Cake. Savais même pas qu'y était

de retour.

— D'après ça que je pense, tu savais. Pourquoi ça que tu t'es esquivée de moi juste là ?

— Tea Cake, moi j'aime pas ça que tu soyes à me poser des questions de la sorte. Ça montre jusqu'où t'es malade pour sûr certain. T'es jaloux sans que moi je t'ai jamais donné de raison pour l'être.

— Donc alors, c'est quoi qui t'a fait esquiver de la maison sans me dire où tu te rendais ? T'as jamais fait ça avant.

— Ça c'est pasque j'essayais de pas t'inquiéter sur ton état. Le docteur il a fait commander d'autres remèdes et moi chuis allée voir ça si c'était déjà venu. »

Tea Cake se mit à pleurer et Janie le souleva dans ses bras comme un enfant. Elle s'assit au bord du lit et le berça jusqu'à ce qu'il retrouve son calme.

« Tea Cake, ça sert de rien que tu soyes à être jaloux après moi. En première place moi je pourrais pas aimer personne d'autre que toi. Et en deuxième place, moi chuis rien qu'une vieille que personne d'autre voudrait jamais à part toi.

— Naaan, tu l'es pas du tout pas. Tu parais comme t'es vieille seulement de t'entendre dire aux gens le jour où t'es venue au monde, mais les yeux te voyent assez jeune pour la plupart de tous les hommes. C'est pas aucunement une menterie. Moi je connais plein d'autres hommes qui te prendraient et travailleraient fort pour le privilège de t'avoir. J'en ai entendu à le dire.

— Peutête bien, Tea Cake, mais moi j'ai jamais éprouvé de le savoir. Je sais juste ça que Dieu y m'a arrachée du feu à travers toi. Et je t'aime et j'ai de la joie à ça.

— Merci ma tite dame. Mais dis pas ça que t'es une vieille. T'es une tite bèbe de fille à tout le temps. Dieu a fait que d'abord t'as passé ton vieil âge avec une première personne, et tes jours de jeune fille tu les as mis de côté pour les passer avec moi.

— Je sens ça tout pareil moi aussi, Tea Cake, et je te remercie de me dire ça.

— Ça fait pas aucun trouble de dire les choses qui sont déjà comme elles sont. T'es toute une jolie femme en dessus que tu soyes gentille.

— Aoow, Tea Cake.

— Ouais, c'est vrai certain. À toutes les fois que je vois un carré de roses ou autres qui sont là à se donner trop de chic et se prétendre jolies, moi je leur dis, je voudrais bien ça que vous la voyez un jour, ma Janie. Tu dois laisser les fleurs te voir un jour, t'entends, Janie ?

— Continue comme ça, Tea Cake, que je vais finir par te croire un jour », dit Janie d'un ton malicieux en le calant comme il faut dans le lit. C'est là qu'elle sentit le pistolet sous l'oreiller. Une horrible petite crispation la saisit, mais elle ne lui posa pas la question puisque lui-même n'avait rien dit. Jamais Tea Cake n'avait encore dormi avec un pistolet sous la tête. « Et t'en fais pas pour tout le nettoiement de l'herbe au-devant, lui dit-il alors qu'elle se redressait après l'avoir bordé. Tu restes bien où c'est que je peux te voir.

— D'accord Tea Cake, ça sera comme tu dis.

— Et si le frère à quilles croches de l'autre Miz Turner s'en vient rôder aux entours d'ici tu peux lui dire ça que moi j'ai déjà stoppé son char avec des freins aux quatre roues. Y a pas de nécessité pour qu'y se tienne aux parages à admirer le travail.

— Je vais pas rien lui dire de la sorte vu que je compte pas que je vais le voir. »

Tea Cake eut deux mauvaises crises cette nuit-là. Janie vit un changement se produire sur son visage. Tea Cake n'était plus là. Quelque chose d'autre la regardait à travers son visage. Elle décida qu'elle irait chercher le docteur aux premières lueurs du jour. Elle était donc debout et habillée lorsque Tea Cake se réveilla du sommeil agité qui lui était venu juste avant l'aube. Il était presque à montrer les dents, de la voir tout apprêtée pour partir.

« Où c'est que tu t'en vas, Janie ?

— Chercher le docteur, Tea Cake. T'es trop malade pour rester dans cette maison ici sans le doctah. Peutête qu'y faut qu'on te mène à l'hôpital.

— Moi je vais pas dans aucun hôpital en nulle part. Mets ça dans ta pipe et fume ça. Me figure ça que t'es tannée de prendre soin de moi et faire les choses pour moi. Moi c'est pas comme ça que j'étais avec toi. Moi jamais j'étais capable à faire assez pour toi.

— Tea Cake, tu es malade. Tu prends toutes les choses dans un sens qu'est pas moindrement mon intention. Jamais je pourrais être tannée de prendre soin de toi. Chuis juste épeurée que tu soyes trop malade pour moi seule à m'occuper de toi. Moi je veux ça que t'alles mieux, chou. C'est juste ça. »

Il lui décocha un regard d'une férocité absolue et un gargouillis lui monta de la gorge. Elle le vit se redresser dans le lit et se remuer dans tous les sens pour surveiller ses moindres allées et venues. Elle commençait à avoir vraiment peur de cette chose étrange installée dans le corps de Tea Cake. Elle profita qu'il se rendait aux cabinets dehors pour se dépêcher d'aller voir si le pistolet était chargé. C'était un six-coups avec trois chambres pleines. Elle voulut d'abord le décharger mais prit peur qu'il ne l'ouvre et se rende compte qu'elle savait. Cela pourrait pousser son esprit troublé à agir. Si seulement ce remède pouvait arriver ! Elle fit tourner le barillet en sorte que même s'il dégainait l'arme contre elle, il y aurait trois déclics pour rien avant que le coup parte. Au moins elle serait avertie. Elle pourrait alors s'enfuir ou bien essayer de le désarmer avant qu'il ne soit trop tard. De toute façon Tea Cake n'irait jamais lui faire du mal. Il était jaloux et voulait juste lui faire peur. Elle, elle se tiendrait dans la cuisine comme d'habitude et ne piperait pas. Ils en riraient ensemble plus tard quand il irait mieux. Elle trouva la boîte de cartouches, quand même, et la vida. Tant qu'à faire, retirer aussi la carabine de derrière la tête de lit. Elle l'ouvrit, glissa la cartouche dans la poche de son tablier et posa l'arme dans un coin peu visible de la cuisine, pratiquement caché derrière le poêle. Elle serait plus rapide que son couteau, si les choses en arrivaient là. Évidemment elle s'en faisait bien trop, mais il n'y avait pas de mal à prendre des précautions. Elle ne devait pas laisser le pauvre Tea Cake faire quelque chose qui le rendrait fou quand par la suite il s'apercevrait de ce qu'il avait fait.

Elle le vit revenir des cabinets d'un pas étrange et bondissant, balançant la tête d'un bord et de l'autre, et les mâchoires serrées d'une drôle de manière. C'était trop affreux ! Où était donc le docteur Simmons avec son remède. Heureusement qu'elle au moins était là pour s'occuper de lui. Les gens, ils seraient tellement méchants avec son Tea Cake s'ils le voyaient pris dans un pétrin pareil. Traiter Tea Cake comme s'il était un chien enragé alors que personne au monde n'était aussi plein de gentillesse que lui. Tout ce qu'il lui fallait, c'était que le docteur arrive enfin avec ce remède. Il entra dans la maison sans dire un mot, en fait il ne parut même pas se rendre compte de sa présence, puis il se laissa tomber lourdement sur le lit et s'endormit. Janie se tenait près du poêle et faisait la vaisselle lorsqu'il s'adressa à elle d'une voix étrange et glaçante.

« Janie, comment ça se trouve que tu peux plus jamais dormir dans le même lit pareil comme moi ?

— C'est doctah Simmons t'a dit de dormir tout seul, Tea Cake. Te rappelles donc pas qu'y t'a dit ça juste hier ?

— Comment ça se fait que tu préfères dormir sur une paillasse et pas sur un lit avec moi ? » Janie vit alors le pistolet qui se balançait dans sa main à son côté. « Réponds-moi quand je parle.

— Tea Cake, Tea Cake cher ! Va t'allonger ! Moi je serais que trop heureuse d'aller me mettre là-bas avec toi à la minute que le docteur va le dire. Va t'allonger. Doctah Simmons s'en vient ici toussuite avec un remède nouveau.

— Janie, moi ici chuis passé par tout ça qu'était possible pour être gentil avec toi et ça me blesse au cœur de me faire traiter mal de même. »

L'arme se hissa d'un mouvement mal assuré mais rapide et se braqua droit vers la poitrine de Janie. Elle constata que même en plein délire il visait encore juste. Peut-être qu'il ne pointait l'arme que pour lui faire peur, voilà tout.

Le pistolet émit un premier déclic. Instinctivement la main de Janie attrapa derrière elle la carabine et la ramena au-devant. Assurément il allait prendre peur et s'arrêter. Si seulement le docteur pouvait arriver ! Elle ouvrit lestement la carabine et y glissa la cartouche au moment où un second déclic lui annonça que le cerveau en souffrance de Tea Cake l'exhortait à tuer.

« Pose ce pistolet et retourne te coucher ! » hurla Janie à Tea Cake, qui tenait mollement à la main son arme vacillante.

Le temps qu'il reprenne son équilibre contre le jambage de la porte Janie songea à se jeter sur lui pour lui attraper le bras, mais elle vit son geste prompt à viser et entendit le déclic. Vit le regard féroce dans ses yeux et fut saisie d'une peur frénétique semblable à celle qui s'était emparée d'elle dans l'eau quelque temps avant. Elle releva le canon du fusil dans un sursaut d'espoir et de peur forcenés. Espoir qu'il voie cela et s'enfuie, peur désespérée pour sa vie. Mais si Tea Cake avait pu soupeser la situation, il n'aurait pas été là, le pistolet à la main. Il n'y avait plus là aucune conscience de ce qu'était la peur ou un fusil ou quoi que ce soit. Il ne prêtait pas plus attention à cette arme braquée sur lui que si cela avait été le petit doigt de Janie. Elle le vit qui se raidissait tout entier en levant le canon pour viser. Le démon en lui devait tuer et Janie était la seule chose vivante qu'il avait sous les yeux.

Le pistolet et la carabine retentirent presque simultanément. Le pistolet juste après la carabine, tout juste assez pour passer pour son écho. Tea Cake se recroquevilla sur lui-même tandis que sa balle allait se loger dans la solive au-dessus de la tête de Janie. Saisie par l'expression de son visage elle bondit vers lui et il s'effondra la tête la première dans ses bras. Alors qu'elle essayait de le soulever il referma ses dents sur la chair de son avant-bras. Et ainsi lourdement ils tombèrent tous les deux. Janie s'assit laborieusement et extirpa de son bras les dents de Tea Cake mort.

Ce fut le temps le plus méchant de toute l'éternité. L'instant d'avant elle n'était rien qu'un être humain terrifié qui luttait pour sa vie. Et maintenant elle était son propre être désormais sacrifié, avec la tête de Tea Cake sur les genoux. Elle avait tant voulu qu'il vive et il était mort. Aucune heure n'est jamais l'éternité, mais toute heure a le droit de pleurer. Janie tenait la tête de Tea Cake serrée contre son sein et pleurait et le remerciait silencieusement de lui avoir offert d'aimer. Il fallait qu'elle le tienne serré contre elle car bientôt il serait parti pour de bon, et il fallait qu'elle lui dise tout cela une dernière fois. Puis sur elle la douleur des grandes ténèbres descendit.

Et donc ce même jour de sa peine immense Janie se retrouva en prison. Et quand le docteur raconta au shérif et au juge ce qu'il en était, tous dirent qu'elle devait être jugée ce même jour. Inutile de la punir déjà en la faisant attendre en prison. Trois heures en cellule puis ils déclarèrent la cour ouverte pour juger de son cas. Tout s'était fait vite pour sûr, mais il y eut assez de personnes présentes. Beaucoup de blancs se déplacèrent pour voir cette chose étrange. Et tous les nègres à des miles à la ronde. Qui au juste n'avait jamais entendu parler de l'amour de Tea Cake et Janie ?

La cour se réunit et Janie vit le juge qui s'était mis en grande robe pour venir entendre son histoire avec Tea Cake. Et douze autres hommes blancs avaient interrompu tout ce qu'ils faisaient pour venir entendre et faire savoir ce qui s'était passé entre Janie et Tea Cake Woods, et décider si la chose était dans l'ordre du juste ou non. C'était bien drôle, ça. Douze étrangers qui ne savaient rien des gens comme Tea Cake et elle, ils allaient s'asseoir là pour juger de la chose. Huit ou dix femmes blanches étaient venues la regarder aussi. Elles portaient de beaux habits et elles avaient le teint rose qui vient de la bonne nourriture. Elles n'étaient les pauvres petites blanches de personne. Quel besoin elles avaient, elles, de quitter leur richesse pour venir regarder Janie ici dans sa salopette ? Quand même elles n'avaient pas l'air trop en colère. Ce serait bien si Janie pouvait leur faire savoir ce qu'il en était, à elles, plutôt qu'à tous ces hommes. Oh, et elle espérait que le croque-mort s'occupait de Tea Cake bien comme il faut. Il faudrait qu'ils la laissent sortir pour s'en assurer. Oui, et il y avait Mr. Prescott qu'elle connaissait très bien, et il allait demander aux douze hommes de la tuer pour avoir tiré sur Tea Cake. Et un étranger venu de Palm Beach qui allait leur demander de ne pas la tuer, et aucun d'eux ne savait.

Puis elle vit tous les gens de couleur qui se tenaient debout dans le fond de la salle du tribunal. Entassés serrés comme du céleri en cageot, mais en plus sombre. Ils étaient tous contre elle, elle le voyait bien. Ils étaient si nombreux à être contre elle qu'une légère claque de chacun aurait suffi pour qu'à eux tous ils réussissent à la frapper à mort. Elle les sentait qui la lapidaient de pensées mauvaises. Ils étaient là avec leur langue tout armée et chargée, la seule arme qu'on laisse aux faibles. Le seul engin de mort dont on les autorise à se servir en présence des blancs.

Donc après un temps tout fut prêt et tous attendaient que les gens se mettent à parler pour qu'on puisse savoir ce qu'il convenait de faire de Janie Woods, relique de la Janie de Tea Cake. La partie blanche de la salle se calmait à mesure que les choses devenaient plus sérieuses, mais une tornade de langues se déchaînait dans la partie nègre comme le vent dans les palmiers. Ils se mirent à parler tout à coup et tous ensemble comme une chorale, avec le haut du corps qui bougeait en rythme. Par l'huissier ils firent dire à Mr. Prescott qu'ils voulaient témoigner sur l'affaire. Tea Cake c'était un gars bien. S'était conduit bien comme il faut envers cette femme. Aucune femme nègre a pas jamais été traitée si bien qu'elle. Naaan sah ! Travaillait comme un chien juste pour elle et s'est presque tué à la sauver de la tornade, puis sitôt qu'y s'est pris un peu de fièvre des eaux, elle s'est en allée flanquer avec un autre homme. L'a carrément fait venir jusqu'ici de loin là-bas. La pendre ça serait encore trop gentil. Tout ce qu'ils voulaient c'était qu'on les laisse témoigner. L'huissier a fait remonter ça, et le shérif et le juge, et le chef de la police, et les avocats se sont tous mis ensemble quelques minutes pour écouter, puis se sont séparés à nouveau, et le shérif a pris la barre pour raconter comment Janie était arrivée chez lui avec le docteur et comment il avait trouvé les choses quand il était allé en voiture jusqu'à chez elle.

Puis ils avaient appelé le docteur Simmons et il avait raconté la maladie de Tea Cake et comment c'était très dangereux pour Janie et pour toute la ville, et comment il avait eu peur pour elle et pensé que Tea Cake devait être enfermé, mais voyant comme Janie prenait bon soin de son homme il avait négligé de le faire. Et comment il avait trouvé Janie toute mordue au bras, assise par terre et caressant la tête de Tea Cake quand il était arrivé sur les lieux. Et le pistolet par terre juste à côté de la main de Tea Cake. Puis il avait quitté la barre.

« Avez-vous d'autres témoignages à faire entendre, Mr. Prescott ? avait demandé le juge.

— Non, Votre Honneur. Le Ministère public en a terminé. »

La danse des palmiers recommença dans les rangs nègres au fond de la salle. Ils étaient venus pour parler. Le Ministère public ne pouvait pas en avoir terminé avant de les avoir entendus.

« Mista Prescott, moi ici j'ai quèque chose à dire ! » s'écria Sop-de-Bottom anonymement depuis le troupeau des anonymes.

D'un seul mouvement toute la salle du tribunal se retourna pour voir.

« Toi là-bas si tu sais ce qui est dans ton intérêt, tu ferais mieux de la boucler jusqu'à tant qu'on t'appelle, cingla Mr. Prescott.

— Yessah, Mr. Prescott.

— C'est nous qui traitons cette affaire. Un seul mot de toi encore, un seul de vous tous les nègres là-bas dans le fond, et je vous colle au grand tribunal.

— Yessah. »

Les femmes blanches donnèrent un brin d'applaudissement et Mr. Prescott lança un regard furieux vers le fond de la salle avant de quitter la barre. Puis l'étranger blanc qui devait parler pour Janie s'avança. Il chuchota des choses avec le greffier et ensuite il appela Janie pour qu'elle vienne prendre la barre et parler. Après quelques petites questions il lui demanda de raconter exactement comment tout ça s'était passé et de dire la vérité, toute la vérité et rien que la vérité. Et que Dieu lui vienne en aide.

Ils se penchèrent tous pour l'écouter parler. La première chose qu'elle devait se rappeler c'est qu'elle n'était pas à la maison. Elle était dans un tribunal à lutter contre quelque chose qui n'était pas la mort. C'était pire que la mort. C'était des pensées menteuses. Il fallait qu'elle retourne loin en arrière pour leur faire savoir ce qu'elle et Tea Cake avaient été l'un pour l'autre et comme ça ils verraient bien que jamais elle n'aurait pu tirer sur Tea Cake par pure malice.

Elle essaya de leur faire voir comme c'était terrible que les choses se soient goupillées comme ça et que Tea Cake ne pouvait pas revenir à lui tant qu'il ne s'était pas débarrassé de ce chien enragé qui était en lui et il ne pouvait pas se débarrasser du chien et en même temps vivre. Il devait mourir pour se débarrasser du chien. Mais elle n'avait pas voulu le tuer. Pour un homme la partie est dure à jouer quand pour vaincre il doit mourir. Elle leur fit voir comment jamais elle n'aurait pu vouloir se débarrasser de lui. Elle n'implora personne. Elle resta simplement assise à raconter son histoire et quand elle eut terminé elle se tut. Elle avait terminé depuis quelque temps déjà avant que le juge et les avocats et le reste de la salle ne semblent s'en rendre compte. Mais elle resta encore un temps assise sur cette chaise d'accusée jusqu'à ce que l'avocat l'invite à en descendre.

« La Défense en a terminé », annonça l'avocat. Puis Prescott et lui chuchotèrent des choses ensemble et ils allèrent parler au juge en secret tout là-haut où il siégeait. Et puis ils s'assirent tous les deux.

« Messieurs les jurés, c'est à vous qu'il revient de décider si l'accusée a commis un meurtre de sang-froid ou si elle n'est qu'une pauvre créature brisée, une épouse dévouée prise au piège d'infortunées circonstances qui en logeant une balle de carabine dans le cœur de son défunt mari accomplissait en réalité un acte de miséricorde. Si vous estimez qu'elle s'est rendue coupable d'un meurtre gratuit alors vous devez rendre un verdict d'homicide volontaire. Si les preuves présentées ne viennent pas corroborer ce verdict alors vous devez la laisser libre. Il n'y a pas de moyen terme. »

Le jury se retira en file et la salle du tribunal commença à bourdonner de conversations, quelques personnes se levaient pour aller et venir. Et Janie était assise comme une souche et elle attendait. Ce n'était pas la mort, qu'elle craignait. C'était le malentendu. S'ils rendaient un verdict disant qu'elle ne voulait pas de Tea Cake et qu'elle avait voulu sa mort, alors ce serait un véritable péché et une honte. Pire qu'un meurtre. Puis le jury revint prendre place. Cinq minutes à délibérer d'après l'horloge de la salle.

« Nous estimons que la mort de Vergible Woods est entièrement accidentelle et justifiable, et qu'aucune charge de culpabilité ne doit être retenue à l'encontre de l'accusée Janie Woods. »

Et donc elle était libre et le juge et tout le monde là-haut souriait avec elle et lui serrait la main. Et les femmes blanches pleuraient et se pressaient tout autour d'elle comme un mur protecteur et les nègres, la tête basse, traînant le pas, s'en allaient.

Le soleil était presque descendu et Janie avait vu le soleil se lever sur son amour malade et ensuite elle avait tiré sur Tea Cake et on l'avait mise en prison et on l'avait jugée digne de vivre et maintenant elle était libre. Rien d'autre à faire de ce petit reste de jour que d'aller visiter ces bons amis blancs qui avaient réalisé ses vœux et les remercier. Et comme ça le soleil était descendu.

À l'auberge elle prit une chambre pour la nuit et entendit les hommes parler au-devant.

« Aoow, toi-même tu sais que ces blancs là vont jamais rien faire à une femme qu'a l'allure qu'elle a.

— Elle a pas tué aucun blanc, non ? Alors si longtemps qu'elle va pas tuer un homme blanc elle peut continuer à tuer tout plein de nègues comme ça lui plaît.

— Ouais, les femmes nègues elles peuvent tuer tous les hommes qu'elles ont envie, mais toi t'as pas intérêt à tuer l'un d'entre eux autres. Les blancs y vont te pendre pour sûr certain si tu fais ça.

— Bon, toi-même tu sais ce qu'y disent comme quoi un homme blanc et une femme nègue c'est les deux choses les plus libres du monde. Eux autres y font tout comme ça leur plaît. »

Janie enterra Tea Cake à Palm Beach. Elle savait combien il aimait les Glades mais c'était trop humiliant pour lui de reposer là avec toute cette eau qui peut-être allait venir se verser sur lui à chaque grande pluie. Et puis d'ailleurs, c'était les Glades et leurs eaux qui l'avaient tué. Elle voulait le mettre hors d'atteinte des tornades, alors elle avait fait construire un solide caveau au cimetière de West Palm Beach. Elle avait fait partir un câble à Orlando pour se faire envoyer de quoi payer ce dernier adieu. Tea Cake était le fils du Soleil Couchant, pour lui rien n'était trop beau. Le croquemort avait fait de la belle ouvrage et Tea Cake reposait royalement sur sa couche de soie blanche parmi les roses qu'elle avait achetées. Presque comme s'il s'apprêtait à sourire. Janie lui acheta une guitare toute neuve et l'installa entre ses mains. Il allait pouvoir imaginer de nouvelles chansons à lui jouer pour quand elle le rejoindrait là-bas.

Sop et ses amis avaient essayé de lui faire du mal mais elle savait bien que c'était parce qu'ils aimaient Tea Cake et ne comprenaient pas. Alors elle le fit dire à Sop, et à tous les autres par son intermédiaire. Et le jour des funérailles ils vinrent avec la honte et des excuses au visage. Ils voulaient qu'elle oublie tout ça vite. Alors ils remplirent et firent déborder les dix berlines que Janie avait louées et en ajoutèrent d'autres encore au cortège. Puis l'orchestre joua, et Tea Cake se fit conduire comme Pharaon à son tombeau. Pas de robe ni de voiles coûteux cette fois pour Janie. Elle l'accompagna dans sa salopette. Elle était trop occupée par la douleur pour se vêtir de douleur.

20.

Parce que dans le fond ils aimaient Janie un tout petit peu moins qu'ils avaient aimé Tea Cake, et parce qu'ils préféraient penser du bien d'eux-mêmes, il leur fallait faire oublier l'attitude hostile qu'ils avaient eue. Alors ils rejetèrent toute la faute sur le frère de Mrs. Turner et une fois de plus ils le firent déguerpir de la muck. Ils allaient lui faire voir ce que c'est de s'en revenir faire le beau comme s'il l'était et se poser là où les femmes des autres pouvaient le voir. Même si elles ne le regardaient pas c'était de sa faute, il s'était mis sur leur chemin.

« Naaan, chuis pas en rage avec Janie, expliquait Sop à qui voulait l'entendre. Tea Cake il avait déjà eu fini de partir fou. Vous pouvez pas la blâmer de se défendre elle-même. Elle était folle de lui. Gardez-moi ça comment elle lui a dit adieu. Moi j'ai rien dans mon cœur à son encontre. Et moi-même jamais j'aurais pensé, mais le tout premier jour que ce nègue à quilles croches s'est revenu ici à faire croire qu'y cherchait de l'ouvrage, y est venu me demander ça comment Miste et Missiz Woods y se portaient. Fait que ça vous montre bien qu'y mijotait un quèque chose.

Donc alors quand Stew Beef et Bootyny et quèques-uns du restant des autres y se sont mis après lui vlà qu'y s'en vient courir jusqu'à moi que c'est moi je vais le sauver. Mais moi j'ai dit, tu viens pas me voir ici avec tes cheveux dans le vent, que tu vois, moi ici je vais t'envoyer en-dans, et c'est ça que j'ai fait certain. L'autre enfant de femelle ! » Et ça leur avait suffi. Ils s'étaient soulagés en lui donnant une tannée et en le faisant déguerpir. N'importe comment, leur colère envers Janie avait duré deux jours pleins et ça c'était trop long pour continuer à se rappeler quoi que ce soit. Trop d'effort.

Ils avaient supplié Janie de rester parmi eux et elle était restée quelques semaines pour les aider à ne pas se sentir mal. Mais la muck c'était Tea cake et Tea Cake n'était plus là. Ce n'était plus qu'une vaste étendue de boue noire. Elle avait distribué tout ce qu'il y avait dans leur petite maison à l'exception d'un paquet de semences à jardiner que Tea Cake avait achetées et prévoyait de planter. Il n'avait jamais pu les semer parce qu'il en était encore à attendre que la lune se mette en phase favorable lorsque son mal l'avait terrassé. Les graines lui rappelaient Tea Cake plus que tout autre chose parce qu'il était tout le temps en train de faire pousser des choses. Elle les avait vues sur l'étagère de la cuisine en revenant des funérailles et les avait glissées dans sa poche poitrine. Maintenant qu'elle était de retour, elle comptait les planter pour le souvenir.

Janie agita ses pieds robustes dans la bassine d'eau. La fatigue s'en était allée, alors elle les sécha dans la serviette.

« Voilà, c'est comme ça que tout ça s'est fait, Pheoby, juste comme je t'ai dit. Donc alors je suis de retour à chez nous et j'ai de la satisfaction à me trouver ici. J'ai eu été jusqu'à l'horizon puis retour et maintenant je peux m'asseoir ici dans ma maison et vivre par comparaisons. Cette maison ici elle est pas si tant absente des choses comme elle avait l'usage d'être avant le temps où Tea

Cake s'est venu. Elle est remplie de pensées, spécialement dans la chambre là-haut.

Moi je sais ça qu'eux tous les assis-à-parlailler là-bas y vont aller se mettre les boyaux à tortiller à s'en faire de la corde à violon jusqu'à tant qu'y vont connaître les choses qu'on s'est parlées ici. C'est pas grave, Pheoby, dis-leur. Vont se faire de l'admiration vu que mon amour a pas tourné comme leur amour à eux, si tant qu'y ont jamais eu un amour. Suite de ça tu dois leur dire que l'amour c'est pas une chose comme une meule qu'est la même en toutes places et qu'agit pareil sur toutes les choses que ça touche. L'amour c'est comme la mer. C'est une chose ça bouge, mais n'empêche même à la fin, ça s'en va prendre forme aux rivages que ça touche, et ça change à chaque rivage.

— Loawd ! soupira lourdement Pheoby, moi ici je viens de me prendre dix pieds de grandeur de plusse rien qu'à t'écouter, Janie. Je suis plus aucunement satisfaite de ma propre personne. J'ai bien en intention après ça de faire que Sam y m'emmène à pêcher avec lui. Personne a pas moindrement intérêt à te critiquer aux abords de mon oreille.

— Coute voir, Pheoby, va pas à te faire trop rosse avec le reste d'entre eux à cause qu'y soyent tout séchés de pas savoir les choses. Ces peaux de bestiaux là-bas faut ça qu'y jacassent pour se faire croire qu'y sont en vie. Laisse-les se consoler avec leurs parleries. Sûr que parler ça vaut pas un pilot d'haricots quand tu peux pas t'occuper à rien d'autre. Et rester à écouter cette sorte de parlerie c'est tout juste comme ouvrir ta bouche et laisser la lune te glisser sa brillance en-dans la gorge. Toi-même tu sais, Pheoby, tu dois aller voir si tu veux savoir. Ton paa ou ta maa ou personne d'autre pourra jamais te dire ou te montrer ça. Deux choses que tout un chacun doivent faire pour eux-mêmes. Y doivent s'en aller à Dieu, et y doivent trouver comment vivre pour eux-mêmes.

Il y eut un silence de fin après cela et pour la première fois elles purent entendre le vent s'acharnant après les pins. À l'écouter Pheoby songea à Sam qui l'attendait et s'en irritait. À l'écouter Janie songea à cette chambre qui était là-haut – sa chambre. Pheoby étreignit Janie vraiment très fort, coupant les ténèbres en plein vol.

Bientôt tout fut bien fermé et verrouillé au rez-de-chaussée. Janie monta les escaliers avec sa lanterne. La lumière dans sa main était comme une étincelle de matière solaire inondant de feu son visage. Son ombre en arrière se déversait la tête la première et toute noire le long des marches. Maintenant, dans sa chambre, elle goûtait la fraîcheur à nouveau. Le vent par les fenêtres ouvertes avait balayé toute sensation fétide d'absence et de néant. Elle les referma et s'assit. Peignant ses cheveux pour en chasser la poussière de la route. Pensant.

Le jour du pistolet, et du corps en sang, et du tribunal, revint et commença de chanter un sanglot soupirant par tous les recoins de la pièce ; par tous les sièges et toutes les choses. Commença de chanter, commença de sangloter et soupirer, chanter et sangloter. Puis Tea Cake s'en vint gambadant autour d'elle et le chant de soupir s'envola par la fenêtre pour aller se poser dans le haut des pins. Tea Cake, et le soleil pour tout châle. Bien sûr qu'il n'était pas mort. Jamais il ne pourrait mourir tant qu'elle-même n'avait pas fini de ressentir et penser. Le baiser de son souvenir dessinait au mur des images d'amour et de lumière. Ici était la paix. Elle tira à elle son horizon déployé comme un immense filet de pêche. Le tira des lombes du monde et le drapa sur ses épaules. Tant de vie dans ses mailles ! Elle fit venir son âme, qu'elle vienne voir.

ALYSON HAGY

Les Sœurs de Blackwater

Roman traduit de l'anglais (États-Unis)
par David Fauquemberg

Sorcière pour les uns, sainte pour les autres, elle seule sait encore lire, écrire, fabriquer de l'encre et du papier, et on vient de loin pour obtenir d'elle une lettre. Dans une Amérique balayée par d'étranges fièvres, des hordes de mercenaires et les Indésirables, elle a su garder sa ferme, fidèle à la mémoire de sa sœur. Mais l'arrivée de Mr Hendricks met fin à ce fragile équilibre. Son étrange magnétisme libère en elle tous les fantômes, l'entraînant dans un voyage bien au-delà de la rivière de Blackwater, sur les terres du tout-puissant Billy Kingery…

Les Sœurs de Blackwater est une ode magistrale et envoûtante au pouvoir des mots – seule arme et seul remède dans le monde dystopique d'Alyson Hagy.

« Une voix puissante. »

The New York Times

HUBERT HADDAD

Théorie de la vilaine petite fille

« Mister Splitfoot, si tu y es, frappe deux fois ! » Qui se souvient de l'incroyable destin des sœurs Fox, ces deux fillettes de l'Amérique puritaine qui, par une nuit de mars 1848, en réponse aux bruits répétés qui secouent leur vieille ferme, inventent le spiritisme comme on joue à cache-cache ?

Kate, d'abord, sorte d'elfe à la fois espiègle et grave, pleine de fantaisie et de mystère, Margaret, fascinée par la médiumnité de sa petite sœur, et enfin Leah, de vingt ans leur aînée, qui, avec l'aide de financiers de Wall Street, rêve de fonder un empire à partir de ce nouveau jeu de société un rien macabre…

Avec *Théorie de la vilaine petite fille*, Hubert Haddad nous offre un roman dont on ressort étourdi et joyeux comme d'une baraque de train-fantôme, avec en tête la ritournelle d'un *negro spiritual* ou d'un vieux *folksong*.

« On s'amuse beaucoup dans ce roman facétieux au style ciselé qui ressuscite l'Amérique des sectes et des aventuriers. »

Claire Julliard, *Le Nouvel Observateur*

ABDOURAHMAN A. WABERI

La Divine Chanson

La Divine Chanson est un roman amoureux qui s'empare d'une vie exemplaire, celle d'un chanteur, compositeur, poète afro-américain né à Chicago en 1949, dont nul ne saurait méconnaître l'immense génie et la rude destinée : Gil Scott-Heron, réinventé ici sous le nom de Sammy l'enchanteur.

Décidément plus humain que bien des bipèdes, c'est un vieux chat roux recueilli dans une rue de Harlem qui nous entraîne, partout où la Divine Chanson continue de tourner, à travers les ghettos noirs ou sur les scènes internationales du jazz – ce « grand courant électrique qui rivalise avec le Gulf Stream ».

Ce n'est pas un moindre mérite que de nous faire découvrir et aimer ce « Bob Dylan noir », depuis l'arrière-pays de l'enfance, « quelque part entre Clarksdale, Mississippi et Savannah, Tennessee », jusqu'aux années de fulgurance.

« Waberi met les racines à nu avant de nous offrir d'admirables pages sur les légendes urbaines de New York. Il transforme cette vie trouée en une passionnante traversée… Une remarquable dissection de l'âme bohème. »

François Busnel, *L'Express*

Couverture créée par David Pearson et imprimée chez Floch à Mayenne ¶ Texte composé et mis en page par les Ateliers Graphiques de l'Ardoisière à Bègles ¶ Reproduit et achevé d'imprimer en août 2020 par Normandie Roto Impression S.A.S. à Lonrai pour le compte des éditions Zulma à Veules-les-Roses ¶ ISBN : 978-2-84304-932-3 ¶ ISSN : 2267-1803 ¶ Dépôt légal : janvier 2020 ¶ N° d'imprimeur : 2003076 ¶ Imprimé en France ¶